培养孩子的社会情商

谢 普/编著

吉林文史出版社
JILIN WENSHI CHUBANSHE

图书在版编目（CIP）数据

培养孩子的社会情商 / 谢普编著 . –– 长春 : 吉林
文史出版社，2023.5
　ISBN 978–7–5472–9157–3

　Ⅰ . ①培… Ⅱ . ①谢… Ⅲ . ①情商—儿童教育—家庭
教育 Ⅳ . ① G782

中国版本图书馆 CIP 数据核字 (2022) 第 196627 号

培养孩子的社会情商
PEIYANG HAIZI DE SHEHUI QINGSHANG

编　　著　谢　普
出 版 人　张　强
责任编辑　王　辰
封面设计　郑金霞
出版发行　吉林文史出版社
地　　址　长春市净月区福祉大路 5788 号出版大厦
印　　刷　天津海德伟业印务有限公司
开　　本　640mm×910mm　　1/16
印　　张　12
字　　数　117 千
版　　次　2023 年 5 月第 1 版
印　　次　2023 年 5 月第 1 次印刷
书　　号　ISBN 978–7–5472–9157–3
定　　价　69.00 元

　　生活中，我们经常会听到情商这个词，那究竟什么是情商呢？从理论上讲，情商就是我们各种情绪汇总后的商数，是一个与智商相对应的概念。心理学家认为，一个人的情商主要由自我意识、情绪控制能力、自我激励能力、认知他人情绪的能力以及处理与别人关系的能力组成，以上这些能力出众与否，直接决定着情商的高低。

　　情商对于一个人的成长和发展至关重要，一个高情商的人在人际交往中往往更受欢迎，做事的时候也更加游刃有余。同时，情商和智商也是相辅相成的，高情商可以让智商在实践中发挥出更大的作用，为成功提供精神动力和智力支持。为了我们的孩子将来能更好地工作和生活，成为更优秀的人，作为父母，我们应该从小就重视孩子的情商培养，为他们的成长和发展提供助力。

　　想让孩子成为一个高情商的人，首先要教他们了解自己的情绪，然后在这一基础上，教他们有针对性地调整自己的情绪，将情绪控制在最有利于他们发展的方向上，这就是我们常讲的情绪管理。在教孩子控制情绪的同时，还要教他们学会自我激励，这是一项非常重要的能力，懂得自我激励的孩子是自信的、阳光的，不仅面对任何事情都能游刃有余地处理，而且总能将自己最积极、最优秀的一面调动出来，做到事半功倍。

与此同时，我们还要培养孩子认知他人情绪的能力和处理人际关系的能力，这样他们才能在人际交往中，精准地判断他人的情绪，然后按照对方的情绪状态选择合适的沟通方法，从而更好地与对方交流和沟通，巧妙地化解与对方的矛盾，并找到彼此之间的共同点，与对方成为朋友。

基于以上理论基础，我们编写了这本《培养孩子的社会情商》。本书旨在告诉各位爸爸妈妈如何培养一个高情商的孩子。

本书在编写过程中，尽可能全面、科学地讲述了父母在培养孩子情商的过程中需要注意的问题，同时也提供了一些颇具实操性的情商培养方法。希望各位父母通过阅读本书，能够对培养孩子的情商重视起来，并科学、合理地运用书中所提供的方法，努力将自己的孩子培养成一个高情商的人。

目 录

第一章

受用一生，高情商带给孩子好未来

高情商的孩子往往更容易获得成功，为什么这么说呢？因为高情商的孩子不管是学习还是做其他事情，都更独立、更积极、更乐观、适应力更强，明白自己的目标在哪里。因此，父母要从小培养孩子的情商，努力将他们培养成高情商的人，这将使他们受用一生。

1. 高情商的孩子学习更优秀

高情商的孩子注意力往往更集中，学习成绩也更优秀。因为高情商的孩子能很好地管理自己的情绪，面对身边发生的各种事情，能尽量保持积极乐观的情绪以及平和的心态，不会因为情绪的波动而影响自己的学习，或者能将情绪对学习的影响降到最低。学习心态好了，无论是上课听讲还是课后复习，就都能保持良好的学习状态，全身心地投入学习中，从而取得良好的学习效果。

小力和小木是一对双胞胎，他们虽然样貌如出一辙，但是在情商方面却天差地别。小力从小就爱无理取闹，说生气就生气，说哭就哭，完全由着自己的性子来；而小木喜欢安静，整天总是笑眯眯的，是大家都喜欢的乖宝宝。

两人上学之后，表现出了截然不同的学习状态。写作业的时候，只要作业稍微难一点儿，小力的大脑就不冷静了。他感觉拼音像小蝌蚪一样，密密麻麻的，看着烦死了；他认为数学题加减法太麻烦了；他背诵课文的时候，总是磕磕绊绊背不下来。他总是容易被外界的事物所打扰，从而导致注意力不集中，这让他上课时经常走神，学习成绩也不太好。

　　而小木在遇到难题的时候，则会想方设法一步步去解答。他在面对压力的时候，不会大脑一片空白；他在面对外界的纷扰时，也不会被分散注意力，而会始终集中精神，专注做自己的事情；他不会烦躁不安，也不会情绪激动，更不会产生懈怠情绪，而会始终保持清醒的头脑和稳定的情绪，全力以赴地去学习。

　　高情商的孩子情绪稳定，思维理性，所以他们通常具有很高的学习效率和出色的自主学习能力，他们不仅能独立完成老师布置的作业，而且能主动进行预习和复习，他们可以将自己学习中的事情安排得井井有条。在此基础上，他们的学习成绩也会更加优异。

　　小柏今年读五年级了，他的学习成绩不太好。从他上学开始，爸爸妈妈就非常关心他的学习，每天都拿出大量的时间来陪他学习，而小柏自己并不能正确地看待学习，总觉得学习是在给大人学。渐渐地，他养成了做事被动的习惯，尤其是在学习中，他从来没有主动、独立地学习过。他只是每天被动地完成老师布置的作业，被动地在课堂上听老师讲课，可想而知，他的学习成绩肯定好不了。

虽然小柏已经升入了五年级，但他还是没有具备独立学习的能力，哪怕父母对他的教育再怎么用心，他的学习成绩也依然没有提高。面对这样的情况，爸爸妈妈彻底不知道该怎么办了。

像小柏这样的孩子，属于典型的缺乏自我意识和自我激励能力，他们无法正确认识到自己为什么学习，该如何学习，更无法正确理解父母在学习上给予自己的帮助，不能将父母给自己的帮助转化为自己学习的助力，反而变成了自己学习的压力。

面对这种情况，父母首先要做的就是提高孩子的情商，激发孩子学习的自我意识，培养孩子的自我激励能力，这样孩子才能正确面对自己的学习，正确看待父母对自己学习的关注，从而逐渐化被动为主动，积极调动自己的主观能动性，同时借助父母的帮助，提升自己的学习成绩。

高情商可以让孩子从容、冷静地面对自己的境遇，在陌生的境遇中选择最优的应对方式，让孩子积极、主动地投入学习和生活中。作为父母，我们要努力培养孩子的高情商，提升孩子对环境的适应能力、对学习的认知能力以及对学习方法的掌控能力。在平时的生活和学习中，我们要懂得放手，不要替孩子包办一切，不要剥夺孩子心智成长的机会，阻碍孩子情商的"成长"。

2. 高情商的孩子更独立

高情商的孩子更独立，他们在学习和生活中，从来不依附别人，他们不只不依附周围的朋友、同学、老师，也不依附自己的父母、亲人。他们在遇到问题的时候，绝不会退缩推诿，而是勇于承担起自己的责任，想方设法去解决问题。孩子小时候的独立性越高，长大后就越有主见。

小宁今年 7 岁了，爸爸妈妈从小就注意培养他的独立性。在其他孩子还在事事依赖父母的时候，他已经能独立去解决一些事情了。有一次，小宁和妈妈去朋友家做客，见到了一个和他同岁的小妹妹，他们一起去院子里放风筝，其间风筝有些歪了，飞不起来了。小宁见状，马上找来工具对风筝进行修理，没想到还真被他给修好了，风筝再次飞上了天空，两个孩子都很开心。

小宁妈妈的朋友看到后，说道："你们家小宁可真独立啊，遇到事情可以自己去想办法，我们家丫头平时遇到这种事情便会找父母，如果我们没时间的话，她就会一直哭，可愁死我们了。"

小宁妈妈笑着说道："小宁从小就独立。他小时候，在家里不小心洒了水，会马上找纸巾或抹布擦拭；他 3 岁时，就开始自己穿衣服、穿鞋子了；上了幼儿园以后，他自己动手完成老师布置的手工作业；今年上了小学以后，他更是独立完成作业，从来都没让我们操心过。"

朋友很羡慕小宁妈妈将孩子培养得这么独立，同时也抱怨道："你看看我们家女儿，从小被大人惯得不成样子了，只要一遇到事情，她首先想到的便是找大人解决，等什么时候她也能稍微独立一些，我就放心了。"

小宁妈妈说道："也该培养她的独立性了，毕竟已经上小学了，你们也不能一直陪着她。如果她一直这样的话，那对她的成长是很不利的。"

话音刚落，院子里的两个小孩就绊倒了，小丫头马上哭了起来，而小宁马上爬了起来，然后去扶旁边的妹妹，并且轻声安抚道："别哭了，小妹妹，来，我扶你起来……"

孩子终将长大，也终将独自面对这个世界，父母要在他们小时候逐渐培养他们的独立性，毕竟幼鹰总有独立觅食的一天，只有学会了独立生存的本领，才能更好地在这个世界上生存下去。因此，培养孩子的独立性很重要。具有独立人格，是孩子高情商的体现；培养孩子成为一个具有独立人格的人，是父母应该努力的方向。

小美今年8岁，她是一个独立性很强的女孩，每天独立完成作业，独立收拾书包。不仅如此，小美遇到问题时也会自己动脑筋去想办法解决，即使需要爸爸妈妈帮忙，她也不是单纯地寻求帮助，而是带着自己的想法征求爸爸妈妈的意见，然后努力去解决问题。认识小美的人都夸小美是个有想法、独立能干的女孩儿。

有一次，小美放学回来，告诉妈妈说：班里有个小女孩儿最近头上受伤了，缠了很多纱布，看上去有些丑丑的，于是班上一些调皮的男生就给她起了个外号，然后其他人也一起跟着喊小姑娘的外号，最终将小姑娘给惹哭了。小美妈妈听了以后，问小美有没有参与其中，小美说没有，因为她觉得自己不该参与其中。

还有一次，小美在放学的路上遇到一个老奶奶问路，小美告诉了对方，可是对方却坚持要求小美送她回家，小美觉得事情不太对劲儿，于是快速跑向了一家人很多的商店。后来小美告诉妈妈，虽然那个老奶奶那么大年纪了，我应该帮助她，但是妈妈曾跟我说过，不要看别人可怜就放弃了警惕心，所以我马上就往人多的地方跑了。

小美妈妈认为自己的女儿真的很独立，这让她放心又省心。同时，这也证明了她从小注重培养孩子的独立性是非常正确的。

培养孩子的独立性，是培养孩子情商的题中之义。作为情商的重要组成部分，独立性不仅能让孩子的成长之路更加顺畅，让他们避免生活中的一些危险，同时还能让孩子更加坚强，避免他们长大后养成懦弱的性格。为了孩子更好地成长，父母一定要重视对孩子独立性的培养，这将让孩子受用一生。

3. 高情商的孩子更积极

高情商的孩子更积极。他们生活有规律，每天定时起床、定时睡觉、定时锻炼；他们把学习安排得井井有条，每天除了按时完成老师布置的作业，还主动地进行预习、复习；在课余时间，他们积极发展自己的兴趣爱好；在社交活动中，他们热情、活跃，是人群中的开心果，能积极地融入群体，并且能很快与志同道合的伙伴成为朋友。

　　小理今年读初三，周围的大部分同学都埋头苦学，两耳不闻窗外事；而小理则不一样，他除了每天完成既定的学习任务外，还积极参加学校组织的各种活动。他是学校足球队的主力前锋，他的好朋友问他怕不怕耽误学习时间，他告诉对方，踢足球可以锻炼身体，可以让他劳逸结合，能让他更好地投入紧张的学习中。正因如此，小理每天都会坚持踢上一会儿足球，从没间断过。除此之外，小理在课堂上总是积极地回答老师的问题，哪怕回答错了，他下一次还是会踊跃地举手。

　　有一次，学校要组织一场演讲比赛，老师说了这个消息后，大家都抱怨起来："学习都这么紧张了，为什么我们还要参加演讲比赛啊？""为什么每个班都得有人参加呢？""我不想参加，这太麻烦了。"就在大家抱怨纷纷的时候，小理站了起来，说道："老师，最近同学们确实太累了，但学校组织了比赛，咱们班没人参加肯定不好，不如让我去吧，我愿意代表咱们班参加比赛。"

听了小理的表态，老师非常高兴，表扬了小理这种积极的态度。同学们都说小理真厉害，学习这么紧张还能有时间去参加比赛。他们哪里知道，比赛对小理而言就是一次对自我的挑战，小理喜欢挑战的感觉，他没有将比赛看成压力，而是将其视为自己精彩生活的一部分。对于小理而言，未来的生活是精彩纷呈的，他要以积极的态度面对未来的每一件事。

高情商的孩子面对挑战时，会积极地把握机会，勇敢地去尝试和努力。即使失败了，他们也不会因为一时的挫折就消沉下去，而会迅速地重整旗鼓，然后积极地再次投入战斗。他们就像向阳花一样，永远都那么阳光，那么积极，让人觉得没什么阴霾是过不去的。

小丽上初二的时候，家里发生了变故，在工地打工的爸爸发生意外，瘫痪在床，失去了劳动能力，家里的重担落到了妈妈一个人身上。看着平时健步如飞的爸爸只能躺在床上唉声叹气，往日笑容满面的妈妈整天以泪洗面，小丽的心里难受极了。为此，小丽的学习成绩受到了很大影响。

妈妈和老师都非常担心小丽的状态，怕她就此沉沦下去。但让人欣慰的是，在第二次月考的时候，小丽的成绩再次跃居全班第一。

在聊起小丽最近的情况时，妈妈告诉老师：小丽这孩子从小就积极乐观，遇到事情总能自己想办法排解和变通，很少钻牛角尖。

这次家里出了这么大的事儿，我以为她承受不了这样的压力，没想到她这么快就把自己的状态调整过来了，看来我这个当妈的还不如个孩子，真是惭愧啊。

老师也夸奖小丽在学校的表现，一开始她不知道小丽家里出现了这样的变故，现在再回头看小丽这一个月的变化，觉得这孩子真是了不起，面对如此大的变故，竟然能如此之快地调整自己的状态，这孩子将来一定有出息。

故事中的小丽，如果一味地陷入家庭变故的悲伤中无法自拔，不能及时调整自己的状态，那她非但不能帮到妈妈，还会因为自己学习成绩的下降让妈妈肩上的压力更大。正因为小丽拥有较高的情商，能够及时调整自己的情绪和状态，所以才减轻了妈妈的压力和负担，同时也让自己的学习重回了正轨。

由此可见，情商对一个孩子的影响是非常大的，情商高的孩子能够更积极地面对生活中的负面境况，进而获得自己想要的结果。

4. 高情商的孩子更快乐

高情商的孩子要更快乐一些。高情商的孩子可以很好地融入群体生活中，与其他孩子一起学习，一起玩耍，从中获得更大的快乐；

高情商的孩子是周围人的快乐源泉，他们会将自己的快乐传递给周围的人；高情商的孩子都比较合群，不会被孤立，更不会郁郁寡欢，他们能适时调整自己的情绪，让自己始终保持阳光快乐的心态。

　　小敏是一个很安静的小姑娘，她的性格有些内向，有些羞涩。很多时候，她明明很想和同学们一起玩儿，但是她又觉得不好意思，不知道该怎么做才能加入她们的游戏当中。

　　有一次课间的时候，同学们都去玩儿了，她们三五成群，各自玩着喜欢的游戏，只有小敏孤零零地站在一旁，看着她们玩儿。老师看到后，走到小敏跟前问道："你怎么不和她们一起玩儿呢？"小敏告诉老师，她不知道该怎样跟她们说，她也想参与到她们当中去。

得知了小敏的苦恼后，老师把一个名叫小如的女孩儿叫了过来。小如一看就是个活泼开朗的女孩儿，她还没等老师开口说什么，就先礼貌地向老师问了好，然后冲小敏点了下头。等到老师说让她带着小敏一起去玩儿的时候，她马上牵起小敏的手，并向老师保证她一定带小敏好好玩儿，让老师放心。

小如带着小敏来到人群里，让小敏加入她们，小敏还是有些不好意思，最后被小如拉着一起参与了进去。能和大家一起玩儿，她觉得开心极了。再看小如，真是一个哪里有她哪里便有快乐的姑娘，无论她走到哪里，都能很快加入大家的游戏中，迅速和大家打成一片，还能照顾到每一个人。小敏觉得小如很厉害，决心向她多多学习。

故事中的小敏很想和其他人一样融入群体，和大家一起开开心心地玩耍，但是她性格比较内向，不知道该怎样融入大家；而另一个孩子小如性格比较活泼，很容易和周围的人打成一片，所有人都会被她的快乐所感染。相比较而言，小如肯定要比小敏生活得更快乐。

一天，小哲妈妈带着小哲去参加同学聚会，小哲是个开朗活泼的小男孩儿，大家见了都非常喜欢他，他也因此成了聚会的焦点人物。

妈妈的一位同学笑着问小哲："小哲，你觉得这位阿姨漂亮吗？"小哲眨眨眼睛说道："漂亮。"然后那位同学又指着另一个人问："那这位阿姨呢？"小哲很无奈地说道："也漂亮啊！"众人不甘心，然后又问道："那你觉得她们俩谁更漂亮？"小哲说道："当然是都漂亮啊！"大家又问："那她们跟你妈妈比呢？"小哲不假思索地说道："当然是我妈妈漂亮了。"

大家被小哲逗得哈哈大笑了一阵儿，然后天南地北地聊了起来，小孩子们则到一边儿玩儿去了。过了一会儿，大家听到有小孩子的哭声，于是赶紧去看孩子，发现其中一个同学的女儿小佳正在哭，而旁边的小哲正在拿着糖哄她："小妹妹不要哭了，我给你糖吃。"小哲妈妈看到后，连忙问道："小哲，这是怎么回事啊？"小哲回答道："小佳妹妹刚刚不小心摔倒了，我正在哄她。"大家起哄说："小哲这么小就知道哄女孩子了。"小哲还不能理解大人的意思，只是跟着大家一起笑起来。同学们笑着对小哲妈妈说："你家孩子很有做暖男的潜质啊！"小哲妈妈自豪地告诉大家，小哲在家里就是个小暖男，他会帮爸爸整理书桌，帮妈妈倒上一杯饮料，还会帮爷爷奶奶挑选他们喜欢的东西。他每天都开开心心的。

情商高的孩子大都比较乐观，乐于与别人交往，而别人也乐于与其交往。可见，情商对孩子的健康成长和人际交往十分重要。相信每一位父母都希望自己的孩子能够健康、快乐地成长，积极地与人交往，融入集体和社会。因此，父母要在孩子小时候就注重对他们情商的培养，不断提高他们的情商，这将对他们的未来产生积极、深远的影响。

5. 高情商的孩子适应能力更强

　　生活中有很多孩子对陌生的环境比较抵触，也不喜欢接触陌生的人。他们每次去陌生的地方或见到陌生的人时，总会感觉不自在，想要躲起来；他们喜欢待在自己熟悉的空间里，和熟悉的人接触、相处。如果你仔细观察，会发现这样的孩子适应能力很弱，如果将他们比作花朵的话，那他们一定是温室里的花朵，外面的风吹雨打很容易让他们枯萎凋零。由此可见，适应能力对孩子的成长是非常重要的。

　　小怡的妈妈因为要出差，于是把小怡送到了奶奶家，她担心小怡不适应，所以提前一天把她送了过去。陪小怡在奶奶家适应了一天后，妈妈第二天早晨趁小怡还在睡觉时悄悄离开了。

　　当小怡妈妈坐上火车后，小怡奶奶打来了电话，说小怡醒来发现妈妈不见了，便一直哭一直闹，他们怎么哄怎么劝都不管用。小怡妈妈一听，便觉得自己的心都揪起来了。透过手机，她还能听到女儿号啕大哭的声音，她只能无奈地安慰道："宝贝，你不要哭了，妈妈要去工作，你暂时跟奶奶住几天好不好？"小怡不听，依然大哭不止，妈妈继续说："小怡，等妈妈回来，给你带你喜欢的玩具好不好？"小怡还是哭个不停，妈妈又说道："宝贝，你不要哭了，你说你哭个什么啊？"小怡这回说话了："你为什么自己偷偷地走了，不带我，我不要在奶奶家，我不要和奶奶玩儿，你快点儿来接我。"妈妈为难地说："妈妈要去工作，没办法带你一起去，你要好好听奶奶的话。"说完便狠心挂断了电话。

等到妈妈出差回来，去奶奶家接小怡，小怡故意扭头不理妈妈。小怡奶奶说："那天你挂了电话以后，小怡又哭了很长时间，我带着她去游乐场玩了一趟，她的情绪才稍微平复了一些。但是到了晚上，她就是不肯睡觉，说妈妈不在睡不着，还说这里没有自己的床不要睡之类的。总之她一晚上都没睡踏实，第二天早上，她早早地便醒了。"

故事中的小怡属于典型的适应能力差的孩子，换一个环境，换一个人陪着她，她就各种不适应。生活中像小怡这样的孩子有很多，他们难以适应周围环境的变化，无法根据变化调整自己的心态和状态，长此以往，这必将影响他们的学习和生活，最终对他们的成长造成不良的影响。所以父母一定要从小培养孩子的适应能力。

小萦从小就不喜欢去陌生的地方，即使是去外婆家，只要天一黑，便哭着闹着要回家，并且一定要回到自己家，躺在自己床上才肯睡觉。父母认为她年龄还小，等长大了自然就会好的，所以也没有刻意去纠正她。哪知等她长大了，工作了，依然是这样。

小萦今年去一家公司实习，同时去的一共有5个人，这家公司工作节奏很快，其他4个人用了几天便适应了，但是小萦无论如何都很难进入状态。小萦所在的部门是市场宣传部，她每天都要跑店面，调查市场。有一次，公司要举行宣传会，前期准备工作由市场宣传部全权负责，所以小萦部门的人都七手八脚地忙了起来。小萦看到大家都有事情可做，而自己却不知道该做些什么，不知道该如何插手进去，她急得像热锅上的蚂蚁。最后还是部门主管看她实在进入不了状态，于是给她安排了一些力所能及的工作。

小萦的工作表现公司经理一直看在眼里，等到实习期满，人事主管找小萦谈话说，她的适应能力太差了，不适合在这里工作，还是趁早去找一份更适合自己的工作吧。

小萦被淘汰了，而其他4个同期的实习生却因为适应能力强，早早地调整了自己，最后成了这家公司的正式员工。

适应能力是孩子成长过程中一项很重要的能力，而适应能力的强弱往往和孩子的情商密切相关。情商高的孩子适应环境的能力往往很强，而情商低的孩子适应环境的能力往往很弱。因此，父母要在孩子小的时候就注重培养孩子的情商，提高他们对各种环境的适应能力，这对他们的成长大有裨益。

6. 高情商的孩子明白自己想要什么

高情商的孩子不会得过且过，更不会浑浑噩噩地度过一天，他们明白自己想要什么，他们心中有明确的目标，有努力的方向，有前进的动力，更明白自己应该如何去努力，这样的孩子往往更容易获得成功。

小新今年读高三了，他学习很刻苦，每天大部分时间都用来学习，他心中有个梦想——成为一名医生，他想考取最好的医学院校，他明白，如果自己不发奋努力，是很难实现这个梦想的。

有一次，同桌拉他去踢足球，但是小新婉拒了。其实小新特别喜欢踢足球，高二的时候，他还拿到过学校足球比赛的最佳射手呢。但是进入高三后，为了有更多的时间学习，他暂时放弃了自己的爱好，一门心思地学习。对于小新的做法，同桌有些不解地说道："以你现在的成绩，考个好大学肯定不成问题，你就不能偶尔放松一下吗？"小新告诉同桌："考入全国最好的医科大学是我最大的梦想，足球可以以后踢，但是想要高考取得好成绩，奋斗就在这段时间，我不想在该奋斗的时候选择享受。"

听了小新的话，同桌若有所悟，他放下手中的足球，拿起一本复习资料认真地看了起来。

目标就像孩子的指路明灯，指引着他们前行的方向。高情商的孩子心中往往有清晰的目标，他们能根据自己的目标制订学习计划，调整不良的生活习惯，为实现目标积极地努力。目标是什么，想要获得什么，就拼尽全力去追求什么，这是每一个有追求的孩子都应该树立的信念。

小兰从小就有一个设计师梦，她想设计出最美的衣服，她希望自己设计的衣服可以为这个美丽的世界锦上添花。但是，天有不测风云，在高三那年，小兰生了一场大病，不但错过了高考，而且不得不休学一年。

等她痊愈以后，她的同学都已经上了大学，而她不但错过了高考，还休息了一年，很多知识都已经忘记了，再重新学的话，她觉得有些吃力。但是每次只要想到自己的梦想，她就又充满了力量，努力坚持了下去。功夫不负有心人，她经过一年的刻苦学习后，如愿考上了自己理想的大学，进入了理想的专业学习。

　　进入大学后，虽然环境变了，学习方式也变了，但小兰从没有忘记自己的梦想——成为全国最优秀的服装设计师，为了这个梦想，她一刻都不敢放松自己，不断地学习专业知识，提升自己的设计能力。在一次全国规模的服装设计大赛中，小兰的设计在众多作品中脱颖而出，小兰成了当之无愧的冠军。后来，这款设计被一家服装公司买了下来，然后出现在了很多爱美的女孩子的身上。

　　情商高的孩子心中有目标，明白自己想要什么，并且会根据目标做出计划，然后一步一步地去实现它。而培养和提高孩子的情商，让他们在心中树立对未来的目标，这是父母义不容辞的责任。因此，父母要想方设法、尽职尽责地培养孩子的情商，让高情商成为孩子健康成长和不断前进的动力。

第二章

至关重要，孩子需要具备的社会情商

社会情商对孩子的成长至关重要。什么是社会情商？遇到事情不生气，做事情对自己有信心，乐于帮助别人，生活中能做到独立不依附别人，具有解决问题的能力，懂得知恩和感恩等，这些都属于社会情商。当孩子掌握了这些能力时，你会发现孩子能够更好地处理生活中的一些事情，在学习和生活中更加如鱼得水、游刃有余。

1. 生气不能解决问题

孩子的性格不同，在面对一些事情的时候，他们的表现也各不相同：有的孩子可以冷静、从容地应对，而有的孩子却会用怒火表达他们的不满。其中，第二种孩子往往很难控制自己的情绪，他们甚至会歇斯底里、崩溃大哭，这让他们的父母甚是烦恼。

小佳的妈妈开着一家服装店，一天，一位朋友来妈妈的店里小坐，期间两人聊起了各自的孩子。朋友说她把孩子送托管班了，小佳的妈妈附和说她也想把孩子送托管班。哪知道就是这一句话，瞬间把小佳的情绪引爆了，她马上大哭起来，闹着不去托管班。

一开始，妈妈还跟小佳解释，说自己每天太忙了，让她去托管班可以按时吃到营养可口的饭菜。但是小佳根本不听任何解释，无论妈妈和朋友怎么劝，她都一直哭闹不休，直到哭得有些喘不上气来了，小佳妈妈顿时慌了，连忙去喊旁边诊所的医生。

现在的局面让小佳妈妈的朋友有些尴尬，她没想到自己随便闲聊的一句话竟然引发小佳这么大的反应。她也是头一次见到脾气这么大的孩子，待小佳的情绪逐渐稳定下来，朋友就向小佳妈妈告辞了，她可不敢再多说一句话了。

生活中，有很多孩子像小佳这样无法控制自己的情绪，这都是父母平时没有合理引导孩子的情绪所导致的。在孩子的成长道路上，父母一定要起好引导、教育的作用。当孩子因为一些事情发火时，父母要帮助孩子及时平复下来，告诉孩子生气是不能解决任何问题的，只有耐心，冷静、仔细地分析，才能找到解决问题的方法。

小莲今年10岁了，她从小就是一个急性子。一天，妈妈见到小莲在翻箱倒柜地找东西，于是问她找什么，她说找姑姑送给她的卡子，她记得就放在梳妆盒里了，但是现在无论如何都找不到。小莲越说越着急，眼看就要哭了。这时妈妈温柔地安抚她说："不要急，慢慢找，肯定会找到的。"最后，小莲在衣柜的角落里找到了她的卡子。她马上开心地笑起来。妈妈见她情绪好转了，趁机教育她说："你的脾气该改改了，遇事不能先着急，要有耐心，这样才能把事情解决好啊。"小莲很认同妈妈说的，也知道遇到问题时只有先静下心来，才能找到解决的办法，但她就是做不到。

还有一次，小莲正在做一道数学题，眼看就要晚上10点了，她还是没有任何解题思路，心里不由得着急起来，不一会儿便满头大汗了。可是越着急，她的思路越乱，脑袋里好像有一团火在燃烧，又过了一会儿，她终于忍不住爆发了，把作业纸撕得七零八落。妈妈看她如此，便耐心地劝她说："你发火是没有任何用处的，你只有让心情先平静下来，思路才能重新理顺，然后才能把难题解出来。"小莲听了妈妈的劝解，于是试着让心情平静下来，然后重新整理了思路，认真地又算了一遍，这回终于把难题解决了。她开心极了，先是感谢了妈妈的提示，然后认真反思了自己的行为，并且写了一张"遇事不能生气"的字条贴在了自己的文具盒上，以提醒自己遇事要保持冷静，不能着急生气。

当父母发现孩子生气发脾气时，一定不要顺其自然，冷眼旁观，而要及时纠正孩子这种错误的行为。父母应当明白，遇事不生气是一种能力，是孩子必须具备的一种社会情商，它在孩子成长过程中起着至关重要的作用，孩子掌握了这种能力，会让自己的一生受益无穷。因此，父母应当有意识地培养孩子镇定从容、遇事不气不急的情绪能力。

2. 对自己要有信心

在生活中，我们有时会束手束脚，停滞不前；有时会犹犹豫豫，难以抉择；有时会害怕尝试，甘于现状。上述这些表现都是缺乏自信心的表现。缺乏自信心的人通常胆小怯懦，畏首畏尾，这对成长中的孩子来说并不是一件好事，长此以往，孩子必将变得庸庸碌碌，无所作为。自信心是孩子情商的重要组成部分，情商高的孩子一般都有很强的自信心。

小凡从小是一个缺乏自信的孩子，虽然已经上了初中，但是在信心方面还是比较欠缺的。

一次，学校举办运动会，项目非常多，有3000米长跑、100米短跑、扔铅球、接力赛、拔河比赛等，老师鼓励大家踊跃报名参加。同学们一听要比赛，争先恐后地报起名来。小凡看到同学们这么积极，他也很想报名，但是他又怕自己报名后，到时候名次不好，反而会遭人耻笑。他犹豫来犹豫去，最后错过了报名的机会，只能眼睁睁看着同学们在运动场上拼搏。他很后悔自己没有报名。

还有一次，英语老师在课堂上用英语提了一个问题，让同学们用英语来回答。小凡知道这个问题的答案，但是他又怕自己答错了，犹豫再三还是没敢举手。老师似乎看出了小凡的犹豫，于是点名让他站起来回答问题，他站起来理了理思路，最后顺利地回答了老师的问题，老师微笑着表扬了他，还鼓励他以后勇敢一些，答错了也没关系。小凡回答完以后，发现回答问题其实一点儿也不难，他觉得只要自己勇敢一点儿，一定会越来越优秀的。

自信对孩子的成长至关重要。拥有自信，孩子就能一步步去实现自己的梦想；拥有自信，孩子就能告别失败，重新出发；拥有自信，孩子就能正视错误，从中汲取力量，成为更好的自己。所以，自信是孩子成长路上必不可少的品质，当孩子拥有自信时，他就已经走在了成功的道路上。

小雅从小学习唱歌，她已经参加过很多比赛，并获得了一些奖项。她的音色很美，听起来有一种空灵的感觉，她的指导老师称她是难得的音乐天才。

但是有一年，她生了一场病，病愈后，她的嗓子失去了从前的空灵，而且变得有些喑哑。起初，小雅很难接受这个残酷的现实，她每天郁郁寡欢，将自己关在房间里，谁也不理。那段时间，她很消极，很迷茫，觉得自己的未来没有了，自己喜爱的音乐也没有了，她甚至怀疑自己这些年是否只是一场梦，她原本就是一个普通的女孩儿，根本不是什么音乐天才。

看着女儿一蹶不振，妈妈每天陪在她身边，安慰她，鼓励她："小雅，你一直以来都是爸爸妈妈的骄傲，虽然嗓音和以前不同了，但是你对音乐的感觉是不用怀疑的，只要你相信自己，继续努力，肯定会涅槃重生的。"在妈妈的鼓励下，小雅重新振作起来，在音乐之路上继续探索。

　　几年后，小雅再次进入人们的视线，是她创作的一曲乡间小调在网络上大受欢迎，成为许多年轻人喜爱的歌曲，大家在小雅的歌中寻回了记忆中的美好。人们发现，现在的小雅光彩照人，自信从容，人们甚至很难想起她之前的样子了。当人们问起她这些年的心路历程时，她告诉大家，自己这些年来最大的收获就是相信自己，正因如此，她才可以在陷入困境时重新站起来。

从孩子小时候起，父母就要注意培养孩子的自信心。在孩子气馁、自卑时，父母要告诉孩子你能行，你一定能做到；在孩子遇到困难时，父母要鼓励孩子积极想办法去解决困难；在孩子疲累时，父母要抚慰孩子的心灵，帮助他重新汲取力量；在孩子获得成绩或取得进步时，父母要及时对孩子进行夸奖、赞美，以激发孩子的荣誉感和自信心。

尽己所能地帮助孩子建立自信吧，只有充满自信的孩子，才能学业有成、事业发达，拥有璀璨的人生。

3. 帮助别人是一种美德

俗语说：赠人玫瑰，手有余香。这句话旨在告诉我们，帮助别人是一件"与人方便，与己方便"的事情。然而，现在有的人在帮助别人时会心存疑虑，因为他们不知道帮助对方究竟值不值得，因为他们要付出时间成本、精力成本甚至金钱成本，这让他们觉得帮助别人是一件很不划算的事情。这些人在教育孩子的时候，也常常会带上这种偏见。

小雨今年读六年级。一天放学后，他在校门口看到一个老奶奶崴了脚倒在地上，他看着路人都在一旁指指点点，却没有一个人上前扶她起来，或是帮忙叫救护车。小雨想要上前去扶一下老奶奶，但是被妈妈拉住了。妈妈说："你是好心，但是如果待会儿她的家人来了，讹上你怎么办？现在这样的事情这么多，我们要小心啊！"小雨说："可是妈妈，老奶奶现在很痛苦，我们不能因为害怕还未发生的事情而去漠视她。"小雨的话引起了妈妈的深思，妈妈觉得小雨的话很有道理，但是她也不赞同小雨过分热心，只是小雨执意要去帮助别人，她也不能强硬地抹杀他乐于助人的品质。

　　于是小雨妈妈看着小雨过去扶起了老奶奶，老奶奶十分感激地说了声谢谢。过了一会儿，老奶奶的女儿过来了，她先是关切地询问了母亲的伤情，然后从母亲那里了解了事情的经过。得知是小雨帮助了母亲，她赶紧上前向小雨母子道谢，然后恳切地跟小雨妈妈说道："您把孩子教育得真好，这么乐于助人。这太可贵了。"小雨妈妈听了她的赞美之词，内心觉得愧不敢当，因为她一开始并不想帮忙，要不是小雨执意要帮忙，她是不会同意小雨上前搀扶老奶奶的。

　　小雨妈妈谦虚地说了一些客套话，老奶奶便在女儿的搀扶下去医院了。在回家的路上，小雨妈妈看着小雨天真可爱的笑脸，觉得他刚刚给自己上了一课，这一课动摇了她一直以来的"事不关己，高高挂起"的认知，也让她重新关注起世界的真善美。

　　助人为乐是中华民族的传统美德，是一种修养和风度，是我们都应该具备的一种优秀品质，无论到了何时，我们都不应当舍弃它。正是因为有了这种优秀的品质，这个世界才会处处充满温情，处处都是美好。孩子的成长之路还很长，他们应当从帮助别人的过程中看到不一样的风景，体会到不一样的快乐。

王羲之是我国著名书法家。有一次，他在逛集市的时候看到一位老奶奶，这位老奶奶浑身上下全是补丁，脸上尽是岁月的痕迹，手上都是常年劳作留下的老茧。

当时，老奶奶正蹲在一棵大柳树下卖竹扇，尽管她摊前的行人络绎不绝，但是却没有人看一眼她竹篮里的扇子。老奶奶看上去焦急万分，或许是家里有什么事急等钱用，王羲之十分怜悯老奶奶的不易，于是走过去对她说道："老人家，我帮您在扇子上题几个字吧！"老奶奶欣喜万分地同意了，于是王羲之拿出毛笔，帮老奶奶在扇子

上写了几个字。很快便有顾客上前询价，老奶奶的扇子不一会儿就卖完了。老奶奶对王羲之千恩万谢，王羲之也因为能帮到别人而开心不已。

王羲之很喜欢这种帮助别人的感觉，他感觉自己在帮助别人时，心灵犹如被洗涤了一般，变得纯粹和真实；他还觉得帮助了别人以后，生活变得格外充实、快乐、有意义，而不再是浑浑噩噩、迷迷糊糊的了。

在人生道路上，每个人都有遭遇困难的时候。父母要教导孩子，当别人陷入困境的时候，要尽己所能地伸出援助之手，正所谓"雪中送炭"的情谊最珍贵。当然，这种帮助要在自己力所能及的范围之内，力所不及反而容易帮倒忙。

父母要从孩子小时候起，就注重培养孩子乐于助人的优良品德，让他们从中感受到不一样的快乐，这是孩子成长过程中最珍贵的东西之一，它能让孩子的人生过得充实、有意义。

4. 试着做一个独立的人

现在的孩子大多是独生子女，他们从小就有着优越的生活条件，享受着丰裕的物质生活，但是与此同时，他们的独立能力越来越差，独立意识越来越淡薄，因为很多本该由他们自己完成的事，父母都代劳代办了，包括穿衣、喝水、吃饭、清理个人卫生等。

父母这种代劳代办的行为从表面上看是疼爱孩子，其实会在不经意间害了孩子，因为它不利于孩子独立性的培养，会导致孩子的自立和自理能力越来越差，从而对孩子的成长造成非常不利的影响。

小然今年上一年级了。开学第一天，小然学习了三个韵母，老师布置的作业是每个韵母写一行。放学回家后，小然写作业断断续续花了将近 1 小时的时间，其间她一会儿喊："妈妈，我饿了。"一会儿喊："妈妈，我手疼。"一会儿喊："妈妈，我要喝奶茶。"一会儿喊："妈妈，我的铅笔断了。"她的小状况接连不断，妈妈不仅被她折腾得筋疲力尽，而且开始寻思：这孩子太依赖大人了，这饿了渴了、削铅笔之类的都可以自己去解决啊！她现在这么依赖大人，什么时候才能独立啊。

于是从那以后，小然妈妈开始有意识地锻炼小然的独立性，她尝试着让自己不再大包大揽，也尝试着给小然安排一些她力所能及的事情，比如每次吃完饭后，她会让小然将餐具放到厨房；每次洗菜或浇花的时候，她也会喊小然来帮忙；每次换下衣服时，她会试着让小然洗袜子或是小件的衣服；每次出门的时候，她也会试着让小然自己背书包……

一段时间下来，小然妈妈渐渐发现，小然身上的那股娇气不见了，整个人变得独立而自信，经常抢着做一些力所能及的事情，似乎一下子就长大了。

正如小然的转变一样，只要父母大胆地放手，试着让孩子独立去做一些事情，孩子通常都能做得很好。其实很多时候，并不是孩子不独立，而是父母不放心让孩子去独立。

古语说得好："授人以鱼，不如授人以渔。"父母事无巨细大包大揽，帮助孩子做这做那，并不能让孩子学会成长，只有放手让孩子独立，才能让他成长、成熟，受益终生。

小言今年 8 岁了，妈妈为了锻炼他的独立能力，便试着让他自己去决定一些事情。

一天，小言从存钱罐里拿了过年的压岁钱，妈妈看到后，便问他要买什么。小言说："班里的同学最近都买了新款的游戏机，我也想买一款。"小言妈妈听说他想买游戏机，立刻提出了反对意见。小言询问妈妈原因，妈妈告诉他："你现在应该以学习为主，再说了，打游戏容易上瘾，你这个年纪最好不要玩电子游戏。"

小言见妈妈不让自己买，十分生气，一整天都不理她。等晚上爸爸回来，知道了事情的来龙去脉后，便笑着对小言说："小言，这不马上就要放暑假了吗，你看你是想用你的钱买游戏机呢，还是我们全家出去旅游一趟。我本来想跟你们说，这个暑假我们去海边度假，到时候可以看到大海、海鸥、贝壳……还可以吃海鲜、吃当地的特色小吃，万一你到时候看上了什么纪念品，也可以用你的压岁钱买回来。但是，如果你的压岁钱用来买游戏机了，到时候你囊中空空，就只能看一看过过眼瘾了。"小言听爸爸描述得那么好，

马上说道："那我不买游戏机了，我要去海边度假，到时候我要买很多咱们这里没有的东西回来，你们不许阻止我。"

小言爸爸说道："好，我替你妈妈答应你了。"小言听了爸爸的承诺，心里简直乐开了花。

父母在一定的范围内，应当尽量给足孩子空间，让他们自己去决定一些事情，这对锻炼他们的独立性非常重要。

在培养孩子独立性的过程中，父母让孩子去做的事情，有的会关乎孩子的健康、安全和习惯，于是大多数父母便纠结起来，害怕孩子做不好或做错，从而危害他们的健康、安全，或者不利于他们习惯的培养。从长远来讲，这种想法对孩子的成长很不利，因为不敢让孩子尝试，总是担心孩子做不好或做错，会在无形中剥夺锻炼孩子独立性的机会。

凡事从不会到会，从做不好到做好，从做错到做对，总需要一个过程。因此，父母要勇敢让孩子去尝试，并在孩子做不好时予以适当指导，在孩子犯错时予以提醒和纠正，这样，孩子的独立性慢慢就能培养起来了。

5. 提高解决问题的能力

当孩子遇到一些小问题时，父母出于爱护的本能通常会去帮助他们，甚至越俎代庖，代替孩子去解决问题，殊不知，父母伸出的援手在无形中剥夺了孩子独自解决问题的机会。等到孩子再大一些，他们面临的问题将会更复杂、更有难度，而这些问题他们终究要自己去面对，独自去解决，他们要自己分析、自己权衡，他们要靠自己找到解决问题的办法，这是他们适应生活的关键。所以父母要在孩子小的时候就培养他们解决问题的能力，让他们尽早地掌握在社会上生活的能力。

东东读一年级了，暑假的时候，老师留的作业有一项是画 10 幅手抄报。这可愁坏了东东，他一向不喜欢画画，所以这项作业他一推再推，直到离开学就剩一个星期，他才开始磨磨蹭蹭地画起来，而且还是在东东与妈妈的讨价还价中进行的。对于东东这种遇到问题就想逃避的行为，妈妈非常生气，她不希望自己的孩子成为一个遇到问题就绕路走的人，所以面对东东的软磨硬泡，她努力控制自己不被东东那无助又可怜的小眼神所"俘获"，而是耐心地向东东强调："做作业是你自己的任务，你必须自己努力完成。"

看到从妈妈这里寻求帮助没有希望，东东又去缠着爸爸寻求帮助，可惜结果让他很失望，爸爸的回答跟妈妈一样，并且爸爸还加了一句："我希望你能珍惜时间，快要开学了，留给你的时间真的不多了，开学后老师肯定要收这项作业的，我想到时候你也不想挨老师的批评吧？"

东东见爸爸妈妈都不肯帮自己，只能自己坐在书桌前，自己画起了手抄报。这不画还不知道，一画东东发现自己的想法竟是如此的奇妙，一个想法接着一个想法，这些颜色多彩的手抄报上充满了自己的灵感，当他拿着自己的杰作给爸爸妈妈看时，爸爸妈妈也被他的奇思妙想惊呆了，这简直就是一幅艺术品啊！

妈妈欣慰地将东东搂入怀中，不停地夸他，爸爸也嘉许地摸摸东东的头。东东心中高兴坏了，他也没想到自己居然有这么大的潜力，原来看着那么愁人的手抄报，自己画起来竟然如此轻松，看来是自己把问题想得太复杂了，只要肯努力，就没有什么问题解决不了。

孩子在遇到问题时，常常会软磨硬泡寻求父母的帮助，而很多父母因为怕麻烦，或者担心孩子自己解决不好，便干脆替孩子把问题解决了，这样做虽然省去了很多麻烦，但是对孩子的成长却极为不利。长此以往，孩子会慢慢养成依赖性，以后再遇到问题时，他们便懒得自己去想办法解决了，因为他们知道父母会帮他们搞定。如果你不想让自己的孩子成为一个依赖成瘾的孩子，就要有意识地去引导他独自去解决问题。

小光今年读初三，他是住校生，每周回家一次。

这一天又是他回家的日子，妈妈提早准备了一大桌饭菜，打算给他好好补一补营养。

小光一边吃饭，一边跟妈妈分享学校的事情。他说，昨天晚上，他到学校门口的超市买学习用品，正巧看到班上一个女同学正在被几个社会上的混混纠缠着要电话号码。当时，他很想上前去给那个女同学解围，但是对比了一下自己和那几人的体格，他放弃了冲上前帮忙的想法，而是跑到学校的门卫室，喊来了学校的保安，这才将那几个社会混混给喝退。

接着，小光又向妈妈说起了大前天的一件事。那天，小光和同学正在操场上踢足球，不知怎的，他旁边的人忽然就晕了过去。同学们马上围了过来，小光大声地告诉大家，不要这样围着，否则会导致晕倒的同学呼吸不畅。然后，小光去报告了老师，老师急忙拨打了120，很快救护车就赶来了，将这位晕倒的同学送进了医院。医生说幸好没有人动他，不然他会很危险的。

妈妈听完小光的讲述，连连称赞自己的儿子长大了，不仅有勇有谋、富有正义感，而且遇事不慌张，知道如何正确地解决问题。

培养孩子解决问题的能力，是一个循序渐进的长期过程，父母要有耐心，要给孩子锻炼和试错的机会，这是他们正确解决问题、获得生活常识不可或缺的步骤。

当孩子在生活中遇到一些小麻烦时，父母可以试着让孩子自己去想办法解决，倘若有需要的话，父母可以给予一些指导和帮助。请父母多给予孩子一些信任，相信他们有能力解决好自己的问题。你对孩子多一分信任，他们一定可以还给你一个更好的结果。

6. 懂得感恩才会人见人爱

感恩是情商的重要组成部分，一个懂得感恩的人，更容易获得别人的认可和欢迎。当我们遇到一个懂得感恩的人时，我们会觉得自己付出的心血是值得的，我们会因此感到欣慰，也会因此与对方更加深入地交往；反之，当我们遇到一个不懂感恩的人时，我们会感到自己付出的心血都付诸流水了，这时大脑给我们反馈的信息就是这个人不值得我们帮助，不可继续深交。所以，父母从孩子小时候起，就要培养孩子拥有一颗感恩的心，这直接决定着孩子步入社会后能否成为一个受大家欢迎的人。

小清今年读高三了，学习非常紧张，她每天晚睡早起，几乎把所有时间都用在了学习上。

最近，小清的同桌小敏生病了，小清寻思她这样肯定耽误学习，于是抽时间帮她做好了笔记。当小清把笔记给小敏送去的时候，小敏看起来很开心，还激动地感谢了她。临别前，小清让小敏好好养病，自己这几天会帮她做笔记的。

等到第二天，当小清又在帮小敏做笔记的时候，班长小欢走过来，询问她是否在帮小敏抄笔记，小清回答说是的。小欢压低声

音在她耳边说道："我觉得你还是别抄了，她不会领情的。我听我朋友说，她跟其他同学炫耀说，她在生病期间也在学习呢，还说那些笔记是她抄了好久的。"小欢停顿了一下，又接着说道："你说你费了这么大工夫，还搭上了自己学习的时间，最终却被人家一句话给抹杀了。"

小清觉得小敏不像这样的人，所以还是坚持帮她抄写了笔记。当她带着笔记来到小敏家门口时，由于她家没有关门，她正巧听到了小敏的吐槽："我一定要多休养几天，反正有小清帮我做笔记。"小清听到小敏这么说，气得肺都要炸了，自己牺牲了那么多学习时间，结果对方不但不感恩，还把自己的帮助当成理所当然的。小清头也不回地走了。

等到小敏病愈，回到学校上课，看到小清后的第一句话就是："小清，你为什么只给我抄了一天笔记，后来就不抄了？"

小清瞥了她一眼，说道："我为什么不给你抄笔记了，我想你心里最清楚吧。"

懂得感恩，才会珍惜别人的付出，才能感受到别人对自己的善意和关爱。很多时候，只有在"你理解我的难处，我感激你的付出"的相互交往中，双方的关系才能进一步升华，双方的友谊才能进一步加深。而像故事中的小敏，毫无感恩之情，不懂得珍惜别人的付出，最终只能落得朋友远离、成为"孤家寡人"的下场。

小夏是一名高二的学生。一天，她骑自行车去奶奶家，在经过一条偏僻的街道时，被一辆电动汽车剐蹭了一下，小夏倒在地上，膝盖摔破了。更气人的是，肇事的司机居然选择了逃逸，没管倒在地上的小夏，径直把车开走了。

坐在地上的小夏无助地哭起来。这时，一位骑电动车的阿姨路过这里，看小夏坐在地上，就关心地过来询问。在了解了情况之后，阿姨帮小夏拨打了报警电话和急救电话。由于这一路段比较偏僻，阿姨怕小夏出什么事情，就留在小夏身边陪着她，直到警察和医生到来。

这件事过去一段时间后的一天，小夏和妈妈在小区散步时突然看到了那天帮助自己的阿姨，小夏连忙告诉妈妈那天就是这位阿姨帮了自己。小夏妈妈感激万分地向这位阿姨道谢，感谢她帮了自己的女儿。

原来小夏和这位阿姨住在同一个小区，小夏和妈妈专门买了水果去阿姨家道谢，阿姨笑着说："你们也太客气了，无论谁遇到那样的事情都会帮忙的。"

后来，小夏家和阿姨家关系处得非常好，走动也很频繁，感觉就像亲戚一样。

故事中的小夏在获得帮助后并没有心安理得，她心中一直惦记着那位帮助自己的阿姨，并在与阿姨重逢后发自真心地感激阿姨，这也让阿姨觉得自己当时伸出援手是值得的，从而加深了彼此的关系。小夏之所以拥有感恩之心，自然离不开父母平时的谆谆教诲。所以，父母在平时一定要对孩子言传身教，把孩子培养成一个懂得感恩的人，这样孩子在人际交往中才能获得认可，赢得友谊。

第三章

能说会道，高情商的孩子会沟通

能说会道的孩子，总能赢得别人的喜爱和欢迎。父母都希望自己的孩子能说会道，能和别人侃侃而谈，应对别人的问题时能对答如流，处在隆重场合时不会因胆怯而不好意思说话，也不会因表达不清楚自己的想法而陷入窘境。然而，孩子能说会道的能力不是天生的，每一个能说会道的孩子背后都有一对用心教育的父母。为了让孩子拥有优秀的沟通能力，父母需要在生活的点点滴滴中培养和教育孩子。

1. 理解别人想表达的意思

沟通是一门人际交往艺术，沟通能让我们更好地理解别人想要表达的意思。在日常生活中，很多人都有过这样的遭遇，明明别人在台上讲得头头是道，但你就是很难理解他说了些什么，仿佛对你来说，对方讲的是一些晦涩难懂的学问，你不但很难理解对方在表达什么，甚至还容易理解出与对方南辕北辙的意思。尤其是年纪尚幼的孩子，当他们无法准确理解老师所要表达的意思时，就会对他们的学习和生活造成一定的困扰。

小雨虽然已经上三年级了，但理解力一直是她的短板，在学校，她常常会误解老师说的话，这让妈妈觉得既好笑又无奈。

一天，小雨开心地告诉妈妈："妈妈，老师今天在课堂上表扬我了。"听到这个消息，妈妈非常高兴，急忙问小雨："老师是怎么表扬你的啊？"小雨得意扬扬地说："我们语文老师说我写的字跟一位书法家的字差不多，还说那位书法家是我国历史上著名的草书大师呢。"

妈妈听完这话，满脸的笑容一下子凝固了，她无奈地看着小雨，说道："我的傻闺女，你可气死你老妈了，难道你听不出老师的话是什么意思吗？老师是在批评你的字难看呢。人家书法家写的草书是书法艺术，但老师说你的字像草书，那是在批评你的字写得潦草呢。"

"啊？原来是这个意思啊，那我可白高兴一场了。"看着懊恼的小雨，妈妈有些后悔如此直截了当地告诉孩子真相了，但她又不希望自己的孩子就这样憨憨地不明白老师的真实意思。于是，她耐心地对小雨解释道："闺女，以后别人说完话，你一定要用心想想对方的话，这样才能准确理解别人的意思。老师不愿意直接批评你，而是用开玩笑的方式告诉你你写的字潦草不好看，这是老师爱护你，怕伤害你的自尊，所以你要接受老师的批评，反思自己的问题，以后写字的时候认真一些，争取写得工工整整的，这样才不辜负老师的一片苦心。"

"嗯，妈妈，我明白了，原来老师说我的字像草书不是夸我，是希望我好好写字呀。我以后一定会好好写，不会让老师和您失望的。"小雨向妈妈保证说。

听了小雨的话，妈妈脸上露出了欣慰的笑容。

当时孩子的理解能力较差时，难免会无法理解或误解、错解别人所表达的意思。所以父母要时刻关注孩子，倾听孩子讲述在学校遇到的事情，当发现他们无法理解或错误理解别人所表达的意思时，要及时予以引导和纠正，告诉孩子别人想要表达的正确意思是什么，以及今后在听别人说话时需要注意什么，逐渐提高孩子的理解能力。当孩子的理解能力足够强时，你会发现孩子整个人都变得精明干练、朝气蓬勃起来。

　　小强和小林写完作业后，总会去邻居张奶奶家玩一会儿，因为张奶奶总有讲不完的故事，让小强和小林听得入迷。

　　这一天，小强和小林照例来到张奶奶家，缠着张奶奶给他们讲故事。虽然张奶奶今天看上去有些疲倦，但还是坚持给两个小朋友讲起了故事。当张奶奶的女儿从外面买菜回来时，看到这种情景，关切地对张奶奶说道："妈，医生不是让您这几天多休息吗？您怎么又坐起来了？"

小强听到阿姨这句话，立刻明白了其中的意思，他也注意到张奶奶这几天气色不太好，所以他赶忙站起来说："张奶奶，今天我们就不听故事了，您好好休息，等过几天您身体好起来，我们再来听您讲故事。"

但小林好像没听明白张奶奶女儿的话，依旧坐在那里不愿起来，还想听张奶奶继续讲下去。

小强轻轻地踢了一下小林的屁股，给他使了个眼色，小林这才回过神来，站起身准备离开。张奶奶的女儿看到小强的举动，对他投以赞许的目光，然后对他俩说道："阿姨知道你们爱听奶奶讲故事，奶奶也非常喜欢你们来陪她，等奶奶身体好些了，阿姨欢迎你们常来陪奶奶说话。"

小强面带笑容地说："好的阿姨，您好好照顾奶奶，等奶奶身体好起来我们再来。"

清晰、准确地理解别人想要表达的意思，有助于孩子在学习和生活中更顺畅地与人沟通，更愉快地与人交往，这是孩子高情商的一种表现。

高情商是可以培养的。父母在日常生活中，要多让孩子读一些有关人际沟通的书，多带他们和不同的人接触、打交道，同时做好他们的参谋和助手，这样就能慢慢提高他们的理解能力，让他们成为能说会道、具有高情商的孩子。

2. 知道自己想要表达什么

在与别人沟通时，最重要的事情就是必须清楚自己想要表达什么。乍一听，很多人觉得这个问题根本不算个问题，自己想要表达什么，难道自己会搞不清楚吗？但事实上，的确有人如此。

别看有的人说话时口若悬河、滔滔不绝，但是听他说话的人根本不知道他想要说什么，只觉得他在天南海北地东拉西扯，说了半天也不知道他想要表达什么意思。之所以会造成这样的局面，是因为说话者自己都不知道自己想要表达什么。

小卉今年读初二了，她的学习成绩很好，尤其是作文水平算得上全班数一数二的，但是她也有自己的短板，就是害怕当众演讲，只要让她上台演讲，她就紧张得全身冒汗，大脑中一片空白，然后就把自己想要表达的东西全忘了。

最近，学校组织了一场辩论赛，小卉被同学们推选为辩手参加这次辩论赛。

辩论赛的日子很快到了，阶梯教室里坐满了师生，小卉也在辩论场上就位了。此时此刻，看着下面有那么多老师和同学，小卉紧张极了，心里直打鼓，脑子里准备好的词几乎全忘了。很快，该她发言了，她只能硬着头皮上场，当她说了一句话后，马上忘了接下来要说些什么了，之后的发言她更是不知道自己说了些什么，这种情况一直持续到她发言结束。接下来，便是对方辩友的反驳，小卉发现对方思路清晰，条理清楚，逻辑缜密，将自己的观点娓娓道来。

最终的结果可想而知，小卉所属的辩论队输掉了，因为小卉在表达自己观点的时候，思路不清，条理不明，逻辑混乱，所表达出来的东西也模糊不清，甚至连她自己都不知道自己想要表达的中心思想是什么。

等到结束的时候，小卉看着同组成员和老师失望的眼神，心中特别难过，她懊恼自己的临场发挥怎么会这么差，什么都表达不出来。

孩子知道自己想要表达什么，这是一项很重要的沟通能力，父母要着重培养孩子这方面的能力。在平日里，父母可以多多鼓励孩子，让孩子无论面对何种场合都要保持镇定、自信，保持思维逻辑的清晰，不因外界的任何因素而影响自己的思维，这样孩子表达出的信息才会清晰、明白，让人听得懂。

小芳今年读高二了。最近，小芳刚刚经历了期中考试，其中语文试卷中的题目是关于诚实守信的问题，让学生谈一谈对这个问题的理解。

小芳看完题目以后，快速整理了自己的思路，先用俗语引出了题目，然后对这个题目进行了论述和分析，最后将自己的观点表达了出来。她觉得自己成功地将题目的主题思想表达出来了。

事实也的确如此。几天以后，语文试卷发下来了，小芳所写的作文作为范文，被老师在全班同学面前读了出来。小芳心里乐开了花，因为老师夸她写的作文主题明确，立意鲜明，内容丰富，论述充分，结构完整，堪称一篇佳作，和以前相比进步很大。

刚上高中的时候，小芳的作文写得很一般。每次写作文的时候，她虽然也能洋洋洒洒地写一大篇，乍一看似乎十分壮观，但如果仔细看的话，就会发现，她的文章逻辑混乱，主题不明，有时候就连她自己都不知道自己写了些什么。为此，语文老师和妈妈多次给予她指导："你在看到一篇作文题目的时候，首先要思考它的中心思想是什么，这是你要表达的主题，只有先确定了主题是什么，你写的文章才不至于跑题。确定主题之后，你就要围绕这个主题寻找材料，构建内容了。一篇文章就好比一个人，主题是人的骨架，内容是人的血肉，没有骨架，堆砌再多的血肉，也无法成为一个有血有肉有灵魂的人。"

在老师和妈妈的耐心教导下，小芳不断练习，不断改进，逐渐地，她的作文写得越来越好了。

知道自己想要表达什么，而且可以很顺畅地表达出来，这是孩子高情商的一种表现，也是孩子成功与他人沟通、交往的基础。如果孩子心中不明白自己想要表达什么，那纵然他口才再好，也无法清楚表达自己想要表达的意思。因此，父母要着重培养和锻炼孩子整理思路、保持思维清晰的能力，让孩子一开口就知道自己想要表达什么。

3.清晰地表达自己的想法

知道自己想要表达什么只是沟通的开始，把自己的想法清晰地表达出来，才能推动沟通继续向前发展。

在生活中，我们经常会遇到这样的情况：当我们与别人聊天或表述自己的观点时，我们心中虽然有许多想法，但是当我们说出来时，却啰啰唆唆一大堆，总是说不到重点上，与心中的想法差了十万八千里。之所以会出现这样的情况，是因为我们的思维逻辑不够清晰，无法准确表达自己心中的想法。

小平是一个聪明、乐观的孩子，他大脑活跃，总是有很多奇思妙想，这让他在小伙伴中颇受欢迎。但是他也有一个很大的弱点，就是每次有了新想法、新创意，都要反反复复地表达很久，才能让小伙伴们明白自己的意思。

这一天，小平和小伙伴们在小区里玩儿，他们有的在玩儿滑板车，有的在玩儿轮滑，有的在打羽毛球，有的在玩儿健身器材。小平觉得天天玩儿这些实在没什么意思，于是绞尽脑汁思考起来，忽然间，他灵机一动，一个念头冒了出来。

小平为自己这个突发的灵感而扬扬得意，他相信自己这个点子一定能获得朋友们的赞赏。于是他喊来小伙伴，神秘兮兮地跟大家低声说："我想到了一个好玩儿的游戏。"小伙伴们连忙问是什么好玩儿的游戏，小平说："反正就是好玩儿，就是……反正就是特别好玩儿，你们要不要一起玩儿吧？"其中一个小伙伴说："你又不说是什么好玩儿的游戏，我们怎么知道究竟好不好玩儿。"小平很想告诉大家是什么好玩儿的游戏，它究竟有多么好玩儿，但他就是说不出来。他只能心急如焚地说："反正特别好玩儿，你们就听我的吧，玩儿起来你们就知道有多好玩儿了，来吧，咱们一起去玩儿吧。"

小伙伴们一头雾水地看着小平，纷纷说道："还是算了吧，我们现在玩儿得也挺高兴，你还是自己玩儿你好玩儿的游戏吧。"

看着小伙伴们对自己的神奇创意毫无兴趣，小平别提多沮丧了。他也明白，虽然自己的创意确实有意思，但是自己却不能将这个游戏的有意思之处清楚明白地告诉大家，也难怪大家对自己的创意不感兴趣了。

现实生活中有很多像小平这样的孩子，他们聪明、乐观，但是唯独欠缺清晰、流畅地表达的能力。要想弥补这一短板，父母就要对孩子这方面的能力进行重点培养和锻炼。

在培养和锻炼孩子的表达能力时，父母可以将以下几种方法教给孩子：让孩子在开口前先组织一下语言；让孩子直截了当地说出重点；让孩子简单明了地表明自己的目的；让孩子借助图片或多媒体的辅助；让孩子先说中心思想，然后再补充细节。这些方法父母可以早早地灌输到孩子的思维模式当中，这样随着孩子年龄的增长，当他们想要在人际沟通中表达自己的想法时，就能驾轻就熟地利用这些方法清晰地表达了。

洋洋是一个能说会道的男孩。最近，洋洋所在的学校要组织夏令营活动，他很想去参加，但是又怕爸爸妈妈不同意。

这一天，他放学回到家，看到爸爸妈妈都在，于是想把自己去夏令营的诉求告诉他们，但是又不知道该如何开口。踌躇之际，他忽然想起以前爸爸曾经告诉过自己，当你想要表达一件事情而又不知道该怎么说时，可以言简意赅地抛出你的意图，然后等着对方来提问，这样就可以一步步完善你的想法了。

想到这里，洋洋来到爸爸妈妈面前，开口道："爸爸妈妈，我想去参加夏令营。"听到这话，妈妈关掉了煤气，爸爸也放下了浇花的喷壶，三步并作两步，都过来围着他询问："你刚刚说什么？"

洋洋一看爸爸的方法果然奏效，于是大声说道："我们学校要组织夏令营，我想去参加。"爸爸妈妈听了之后，也很想让孩子去锻炼一下，但是又担心夏令营的安全问题。于是洋洋向他们解释说："这次夏令营是学校组织的，我们班主任会带队。我们班好多同学都去了，你们就同意我去吧！"

洋洋的爸爸妈妈还是有诸多疑问和顾虑，但是洋洋都一一给他们进行了解释和说明。一番交流之后，爸爸妈妈看他实在想去，而且安全也没有什么问题，于是就同意了。

得到爸爸妈妈的同意后，洋洋别提多开心了！他的开心，不仅是因为能去参加夏令营，更重要的是他通过自己的讲述成功说服了爸爸妈妈，这说明他的语言表达能力又提高了。

清晰、流畅地表达自己的想法，是每个孩子在人际沟通中必备的能力。在平时的生活中，父母应当鼓励孩子勇敢去表达，让他们在人前不怯懦、不退缩，充满自信、井井有条、逻辑清晰地去表达自己的观点，成为人群中能说会道的孩子。等孩子长大后，这项能力一定会对孩子的人际交往和事业成功起到巨大的推动作用。

4. 有些话不好意思也得说

　　生活中，很多人都遇到过这种进退两难的情况：自己心知肚明，有些话一旦说出口，肯定会让人不舒服、不愉快，甚至会被人记恨、失去朋友、失去一些机会，但是由于各种各样的原因，这些话又不得不说。

　　当上述情况出现在我们身上时，我们该怎么办？通常情况下，我们应该采取变通的方式来表达自己的观点，争取不伤害双方之间的感情；但是在某些特定的情况下，比如对方的行为严重侵犯了我们的底线，该说的话我们还是要直截了当地说出来，绝不能因为不好意思而忍气吞声，给自己带来伤害。

　　小黎和小美今年上高二，她们不仅是同桌，更是形影不离的好朋友。平日里，她们一起学习，一起吃饭，一起给打篮球的男同学加油助威，是好得不能再好的闺蜜了。

但是小美有一个习惯让小黎很难接受，那就是小美喜欢翻别人的东西，尤其是小黎的。每次小黎在整理自己的储物柜时，小美总是在旁边翻小黎的东西，这让小黎反感又苦恼。她几次想告诉小美不喜欢别人翻她东西，但是碍于面子都忍住没说。

但是有一次，小黎收拾东西的时候，不知道小美什么时候从柜子里拿出了自己的一块手表把玩，只听"啪"的一声，手表突然从小美的手中滑落，虽然没有摔碎，但手表的外壳还是磕掉了一块漆。小黎急忙从地上捡起手表，泪眼蒙眬地看着小美，这块表是已经去世的爷爷留给小黎的，她一直带在身边，倍加珍惜，看见手表掉在地上，小黎的心别提有多疼了。

小黎稍稍控制了一下自己的情绪，认真地说："小美，我们是最好的姐妹，先前我怕你受伤害所以不好意思跟你说，但是今天我想很郑重地跟你说，请你以后不要再随便翻我的东西了，好吗？你这种随便翻别人东西的举动我很不喜欢。我知道我这样说你肯定不高兴，但是为了我们以后能更好地相处，我今天要把话说明了，希望你也能认真考虑一下。"

气氛一瞬间陷入了尴尬，小美没有说话，默默地走开了。小黎也怅然若失地坐在那里，她不知道自己这样说小美到底对不对。但是看到自己被磕伤的手表，小黎的心再次坚定起来。

等到晚饭的时候，小美来找小黎，她手里拿着两杯奶茶，有些不好意思地说："小黎，咱们去吃饭吧，这是我给你买的奶茶。"看着小美递过来的奶茶，小黎笑着接了过来。后来，小美再也没有随便翻过小黎的东西，而且翻别人东西的毛病也逐渐改掉了。

在成长过程中，上面故事中的情况很多孩子都可能遇到。在年纪尚小时，孩子因为想法单纯，考虑问题不会那么复杂，所以常常心中想到什么就会直接说什么；但是随着年龄的增长，孩子考虑的问题越来越多，当他们心中有某些想法的时候，往往会因为顾及对方的感受而不好意思说出口。这种做法不但会导致面临的问题无法解决，还会让自己陷入苦恼的境地。其实在这种时候，父母应该告诉孩子，当自己的利益受到严重损害、底线遭到无情践踏时，有些话必须勇敢地说出来，不好意思、默不作声只能让自己更为难。

小明是个调皮的小男孩，整天在小区里调皮捣蛋，大家都对这个孩子感到头疼。社区的李阿姨实在看不下去了，于是找了个机会来到小明家，对小明的父母说道："我知道今天说这些话你们可能会生气，但阿姨还是得说，你们家小明实在太调皮了，你们也该管一管了。咱们这个小区是一个老小区，邻居都是住了几十年的老邻居了，可以说我们是看着你们长大的。"李阿姨稍微停顿了一下，又说道："我也是为了孩子好，如果任由孩子这样发展下去，那其实是在害他。对孩子你们应该负起监管的责任来。"

　　李阿姨一番真挚而严厉的话语犹如当头棒喝，令小明的父母深思起来。

　　同一天下午，小明的班主任老师将小明的父母叫到了学校，对他们说："我特意让你们过来，是想跟你们讨论一下小明的问题。"小明的父母连忙问："小明怎么了？"老师说："小明这孩子有些过于调皮了，现在已经严重影响到了课堂秩序。我希望我们一起来纠正一下他的行为，他现在的行为举止对他以后的成长是非常不利的。"

　　一天之内，接连被社区阿姨和班主任"训话"，小明的父母意识到了问题的严重性，他们也知道，小明的调皮行为继续发展下去会对他的成长产生非常不利的影响。所以，他们决定跟小明好好谈一谈，争取让小明改掉之前的不良习惯。

　　社区的李阿姨和小明的班主任没有因为不好意思而对小明的不良行为视而不见，她们当着小明父母的面直接点出了孩子存在的问题，这不是故意找小明的碴儿，也不是故意让小明的父母难堪，而是一种对小明负责的态度。孩子在人际交往中，如果也遇到类似的问题，父母要告诉孩子，不能因为不好意思就任由对方的错误行为或不良习惯发展下去，而应该指出对方存在的问题，帮助对方纠正错误，改正缺点。

有些话不好意思也得说，这是孩子成长过程中必须掌握的沟通能力。在平时的生活中，父母要有意识地培养孩子这种沟通能力，告诉孩子在什么样的情况下必须摒弃不好意思的想法，勇敢说出自己心中的话。

同时，父母也要防止孩子走入另一个极端，即不分场合、不分时机地想说什么就说什么，因为这样并不单单代表说话人性格耿直，更暴露了说话人的低情商。说话是一门艺术，即使要实话实说，也可以采取一种委婉柔和的方式来表达内心的想法，而非直来直去。这种能力需要父母在生活中一点一滴地教给孩子，让孩子循序渐进地领悟沟通的艺术。

5. 敢说话才能会说话

我们在生活中，经常会见到一些口齿伶俐、能说会道的孩子，他们可以滔滔不绝地表达自己的观点；但是也有一些拙嘴笨舌、讷口少言的孩子，他们在面对人群时会感到局促不安、张口结舌，紧张、害怕得说不出话来。这样一来，他们就无法与别人顺畅沟通，无法准确、完整地表达自己的观点，从而对他们的学习和生活，尤其是人际交往造成不利的影响。所以，父母一定要鼓励孩子大胆地开口说话，让孩子敢于说话、勇于表达，这样才能培养出能说会道的孩子。

小灵今年10岁了，她性格有些内向，平日里不大爱说话。

这一天自习课的时候，老师有一些重要的事要去办公室处理，于是随手指定小灵带大家朗读语文课本中需要背诵的内容。

小灵走到讲台上，看到大家都在"忙"着自己的事情，有的在做作业，有的在三三两两地交头接耳，有的在传纸条，有的在吃东西，有的在打瞌睡，根本没有人把她当一回事。她很想呵斥他们一下，但是她没有勇气，她也不知道该说些什么来缓解气氛，只好直接开口读起了课文，但是同学们没有跟着她读，小灵尴尬而又无助地站在讲台上，不知道该怎么进行下去。

还有一次在课间的时候，小灵刚从办公室旁边的水房接水出来，结果正好碰上班主任，班主任把她叫住，让她去一楼传达室领一下最新的英语报纸，然后拿去班里。到了传达室后，小灵发现里面没人，只好在那里等待老师到来。过了一会儿，一个学生模样的女孩走了进来，小灵想她肯定不是老师，所以没有开口说话，继续等了起来。又过了几分钟，刚才进来的那个女孩开口了："同学，我看你在这里站了很长时间了，你是来取英语报纸的吗？"小灵抬头惊讶地看着那个女孩："是的，你怎么知道啊？"

那个女孩一脸的无奈，说道："今天我负责在传达室值班，你说你在这里站了这么久，怎么就不知道开口问一句呢？"听了女孩的话，小灵有些不好意思，也有些懊悔，在她的意识里，一直觉得应该是一位老师在这里发报纸。

故事中的小灵由于性格问题有些不敢说话，这导致她在生活和学习中出现了严重的沟通障碍。生活中但凡口才不错的人，大都有一个共通点，那就是敢说话，他们无论在什么场合、什么时候，都能大胆地将自己的想法、观点说出来，这是与别人有效沟通的前提。只有把你心中的话勇敢说出来，才能知道沟通效果好不好；如果连话都不敢说，那肯定不会取得好的沟通效果。

小苗是班里的班长，她性格开朗，做事爽快利落，说话直截了当，让人一下就能明白她想表达的意思，所以颇受老师的认可和同学的欢迎。

有一年，有人提议用班费去爬一趟长城，大家都觉得这个提议很棒，于是全班同学100%通过，但是问题来了，谁去跟班主任说这件事上呢？大家开始你推我、我推你，相互推让起来，因为大家都觉得枪打出头鸟，万一班主任不同意，把大家教训一顿怎么办？这时，小苗站了出来，自告奋勇去找班主任说这件事，那种"敢为天下先"的自信折服了所有人，最后大家商量决定，由小苗和其他几个班干部一起去找班主任。

他们来到办公室，班主任问他们有什么事，其他几个人都支支吾吾不敢开口，关键时刻还是小苗勇敢痛快，她直截了当地说："老

师，我们想用班费去爬一趟长城。"其他几个人见小苗先开了口，也随声附和起来："老师，这是一件很有意义的事情，大家都想去。""是的，老师，我们特别想去。""老师，您就同意吧！"班主任见这是大家的意愿，于是认真思考了一下，最终同意了。

小苗敢于表达自己的想法和观点，上课勇于回答老师的提问，到了陌生的地方敢于去向陌生人问路，班里遇到棘手的难题也敢于一马当先。所以她这个班长在同学们中间很有威望，大家都很佩服她。

在现实生活中，很多父母常常会向孩子灌输"枪打出头鸟"的理念，让他们闭上嘴巴，免得惹祸上身。殊不知，这样的教育理念在无形中剥夺了孩子与人沟通的机会，如果孩子长时间不与人沟通，不表达自己的观点，那想要培养和提高孩子的沟通能力简直是痴人说梦。

敢说话是高情商的一种表现。父母在日常生活中，要鼓励孩子勇于表达自己的观点，锻炼孩子的沟通能力，这样他们才能成为敢说、会说、能说的高情商孩子。

6. 再着急也不能说脏话

可能忽然有一天，你发现自己的孩子开始说脏话了，可能是与小朋友抢玩具时，也可能是与小朋友打架时，更可能是想说就说，这让很多父母猝不及防，一些父母甚至不知道孩子是在什么时候学会了说脏话。我们都知道，说脏话是一种不礼貌和不文明的行为，是孩子个人素质的最直接体现。所以父母必须在孩子小时候就教育他们不要说脏话，避免孩子养成说脏话的坏习惯。

小阳今年9岁了，他人如其名，是个阳光可爱的小男孩儿，周围人都很喜欢他。但是有一天，小阳的妈妈发现他突然开始说脏话了，她觉得很诧异，因为她和孩子爸爸一直很注意这方面的问题，从来不在孩子面前说脏话，也尽量避免孩子接触不良的语言环境。

那是一次去游乐场的时候，期间小阳和一名小男孩儿因为排队问题吵了起来，当双方父母发现的时候，两个小男孩儿已经厮打起来，同时，他们嘴里还不停地说着一些脏话。双方父母赶紧将两个小家伙拉开了，但是他们显然不服气，嘴里还在嘟嘟囔囔地骂着对方。

小阳妈妈看到这种情况很是气愤，她训斥小阳让他住嘴，然后询问他从哪里学来的脏话。一开始小阳不肯说，在妈妈的再三追问下，他才小声说，是暑假跟堂哥一块儿玩的时候学会的，他觉得这样说话能够凸显他的"英雄气概"。

小阳妈妈这才想起，今年暑假的时候，孩子回奶奶家住了十几天，那段时间他每天都跟他的堂哥在一起玩儿，没想到这短短的十几天，他就跟堂哥学会了说脏话，妈妈感觉很无奈。她语重心长地对小阳说道："孩子，你这样说脏话一点儿也显不出你的英雄气概，反而显得你很无知、很顽劣、素质很低下。要知道，说脏话是一种不文明、不礼貌的行为，会极大地影响你在别人心中的形象，没有人喜欢说脏话的孩子。"妈妈停顿了一下，又继续说道："答应我，以后不要再说脏话了，好不好？我们小阳要做一个讲文明、懂礼貌、高素质的孩子。"

听了妈妈的话，小阳点点头，说道："妈妈，我知道了，我以后再也不说脏话了。"

孩子在语言发育期，对外部的语言环境非常敏感，很容易受周围环境的影响，可能有的时候，仅仅是别人偶尔的一句脏话，孩子便牢牢记在心里了，加之孩子的模仿能力特别强，他们就很容易脱口而出一些脏话。所以，父母在孩子这一阶段应该特别注意，一旦发现孩子有说脏话的情况，要立即进行制止和纠正。

　　小顿是一个3岁的小男孩儿。最近一段时间，小顿妈妈发现，小顿的模仿能力特别强，他在夜市上会模仿做买卖的吆喝声，在看电视时会模仿一些动物的叫声，在跟语音机器人聊天时会模仿机器人念儿歌的声音……

　　为了让小顿多接触外面的环境和人，每天晚饭后，小顿妈妈都要领着小顿去小区的花园里玩儿，那里有很多孩子玩耍，小顿很喜欢跟小朋友们一起玩儿。一天晚上，小顿妈妈听见一个四五岁的小男孩儿在说脏话，小顿也有样学样，跟着一起"口吐芬芳"。小顿妈妈立刻上前制止，并且告诉小顿，说脏话是不对的，说脏话是一种不文明的行为。但是，由于小顿的年纪太小了，还很难理解妈妈所说的话。

后来有一次，在幼儿园里，小顿和另一个小朋友因为玩玩具打了一架。老师向小顿妈妈反映说，小顿开始说脏话了。小顿妈妈对此感到十分不好意思，只能不断地向老师和另一位小朋友的父母道歉。

回家后，小顿妈妈将小顿叫到跟前，十分郑重地对小顿说："小顿，妈妈现在要告诉你，说脏话很不好，说脏话的孩子非常让人讨厌。妈妈希望小顿以后不要再说脏话了，好吗？"

看着妈妈严肃的表情，小顿能感觉到说脏话确实让妈妈不高兴了，于是向妈妈保证说："妈妈，我知道错了，我以后再也不说脏话了。"

看到孩子认错了，妈妈说道："妈妈跟小顿约定，咱们家以后谁都不能说脏话，谁说脏话就要接受惩罚，罚站墙根一个小时，小顿监督爸爸妈妈，爸爸妈妈监督小顿，好不好？"

听了妈妈的话，小顿开心地说："好的妈妈，就这么定了。"

当发现孩子说脏话时，父母一定要善加引导、谆谆教诲，告诉孩子，无论什么原因，无论何种境况，说脏话都是不对的。

需要注意的是，孩子年龄还小，纠正孩子说脏话的行为不宜采用强制的方法，否则很容易激起孩子的逆反心理。父母在这个问题上一定要有耐心，要根据孩子的年龄段选择不同的引导方法，让孩子懂得不说脏话是讲文明、懂礼貌和高素质、高情商的体现，这样的孩子在人际交往中更容易受到人们的喜爱和欢迎。

第四章

人见人爱，高情商的孩子懂得赞美

在生活中，懂得赞美别人的孩子，往往能收获别人更多的认可和喜爱，因此，父母在孩子小时候就要告诉孩子，在与别人沟通的过程中要善于发现别人的优点，要经常赞美别人。并且要告诉孩子，赞美别人要发自内心，要真诚、实事求是、风趣幽默、温暖和直抵人心，绝不能虚伪、单调、敷衍和浮夸，否则别人不但感受不到善意和认可，反而会觉得这个人不诚恳、虚伪、做作。

1. 赞美别人要真诚

赞美别人是一种高效的社交技巧，也是一个人情商高的表现。真诚的赞美是一件让人心情愉悦的事，每个人都喜欢听到别人对自己真诚的赞美。

日常生活中，我们常常听到别人的赞美，比如"你好漂亮""你好聪明""你好能干""这件事你做得很棒"等，这些赞美有的是由衷的赞叹，有的却是虚伪的奉承。由衷的赞叹令人心生好感、倍感亲切，虚伪的奉承令人心生反感、倍感恶心。所以父母要教导孩子，赞美别人时一定要真诚，只有真诚的赞美才能让人感受到你的认可和善意，否则只会适得其反。

小花今年上幼儿园了，小花妈妈不想在家里闲待着，于是找了一份工作，和她一起工作的还有一个很年轻的女同事。

一天，部门经理交给小花妈妈和那个女同事一项任务，让她们去拜访一个投诉公司产品的客户，争取通过沟通让对方撤销投诉。这项任务对她们来说非常重要，部门经理想通过这项工作考察她们的能力，这关系着她们是否能够转正。

果然，那个客户很难缠，要求她们必须按照购买价格的 3 倍来赔偿，并且登报道歉。小花妈妈和那个女同事只好铩羽而归。第二次，她们又一起去找客户协商沟通，但是对方依然不依不饶，没有丝毫妥协的余地。第三次，那个女同事放弃了，但是小花妈妈却想再试一次。最终，小花妈妈用诚心和耐心打动了客户，客户同意按照原价退回就可以了，同时也不用登报道歉了。

事情解决后，公司的同事都夸小花妈妈能干、会沟通、抗压能力强，如此难缠的客户都能搞定。听了同事的赞美，小花妈妈心情格外好，同时对接下来的工作也充满了信心。

之前和小花妈妈一起去拜访客户的女同事也过来祝贺小花妈妈，但是她言不由衷的赞美里充满了不服和嫉妒，这让小花妈妈很不舒服。

在后来的工作中，小花妈妈与这位女同事刻意保持了距离。最后，这位女同事也因为人缘差和工作能力欠缺被辞退了。

这段不愉快的相处经历让小花妈妈感触良多，她不想自己的孩子长大后也像那位女同事一样，于是她语重心长地对小花说："花花，妈妈跟你说，赞美别人时要真诚，要发自内心，不要在其中夹杂着其他的情绪，只有真诚地赞美别人，对方才能感受到你的善意，任何虚情假意的赞美都只会让别人反感。"

赞美别人一定要真诚，这是赞美别人最基本的技巧。当你看到别人的闪光点时，可以发自内心地去赞美对方，对方收到后，也会对你报以善意，这能让你们之间的关系变得更紧密、友谊更深厚。可见，真诚地赞美别人有利于孩子的人际交往，能让孩子更受欢迎、赢得友谊。

小杏是个聪明乖巧的女孩儿，但美中不足的是，她性格有些内向，不善与人交流。上幼儿园的时候，其他小朋友都在一起愉快地玩耍，而小杏则自己待在角落里，不知道该怎么融入小朋友当中。

从老师那里得知小杏的情况后，妈妈告诉小杏，你可以试着去发现其他小朋友的优点，然后真诚地赞美他们，相信你很快就能认识很多好朋友，融入小朋友们当中。

一次，妈妈带着小杏去朋友家玩儿，朋友家也有个小孩儿，小杏想起妈妈的话，于是主动跟对方说起了话："我叫小杏，你长得好漂亮啊，很高兴认识你！""你长得也很漂亮，我也很高兴认识你。"

两个小朋友说完，相视一笑，她们的友情就这样建立起来了。

还有一次，小杏所在的班转来一位新同学，老师安排他跟小杏同桌。这位新同学性格有些腼腆，课间也不怎么和同学说话。这一天，老师进行了一场随堂测试，课代表过来收卷的时候，小杏看到同桌的卷面十分整洁，字体也很漂亮，敬佩之情油然而生："你的字写得真好啊！"同桌腼腆地笑起来，说道："这都是被我妈逼出来的，你知道我妈逼着我练了多久的字吗？"小杏摇摇头，惊诧地看着同桌。"整整两年呢！"同桌用三分抱怨七分自豪的语气说道。自此以后，同桌就像打开了话匣子一样，和小杏的交流渐渐多起来。

在与人交往的过程中，小杏时刻谨记妈妈的话，真诚地去赞美别人，同样地，她也收到了很多来自别人的赞美。她发现，当别人真诚地赞美她时，她的心里是无比开心的，之后也会与这个人继续交往；但是当她听到的赞美言不由衷时，她的心里便会排斥与这个人交往。

赞美别人可以让孩子在人际交往中如鱼得水，赢得别人的好感和欢迎，但是赞美别人有一个重要前提，那就是赞美一定要真诚，一定要发自内心，这是孩子走入别人世界，与别人建立良好关系的最佳"敲门砖"。

为了让孩子拥有真诚赞美别人的能力，父母从孩子小时候起，就要教孩子善于发现别人的优点和长处，然后给予别人最真诚的赞美，这样才能轻松、愉快、舒适地与别人相处，进而赢得对方的好感和友谊。

2. 赞美别人要实事求是

赞美别人一定要实事求是，言过其实、夸大其词或言不由衷的赞美，别人一定可以感觉到。当听到虚伪、浮夸的赞美时，被赞美的人可能会想，这个人如此赞美我也太夸张了，他是否在给我"戴高帽"呢？他是否对我怀有什么不轨的企图呢？所以，赞美要想收获预期的效果，务必做到实事求是。

小鹿今年16岁了，最近她有些叛逆，不仅每天不按时完成作业，还学着大人的模样化浓妆。爸爸妈妈为了纠正她的行为，打也打了，骂也骂了，不但丝毫没有起到作用，还使亲子之间的关系恶化了。

小鹿的爸爸妈妈心急如焚、束手无策，不知道该怎么"拯救"自己的女儿。一位朋友帮他们分析了一下他们目前的亲子关系现状：爸爸妈妈觉得女儿问题一大堆，而女儿觉得爸爸妈妈过于不讲道理。

后来，小鹿的爸爸妈妈还就此事去咨询心理医生，心理医生告诉他们，他们跟女儿的交流沟通过于简单粗暴了，要想改变女儿的行为，首先要试着去改变对女儿的教育方式，多发现女儿的优点，多去赞美女儿，让女儿感受到来自爸爸妈妈的认可，在这一基础上，亲子之间的沟通才会顺畅。听了心理医生的建议，小鹿的爸爸妈妈决定尝试一下。

周末，小鹿妈妈将住校一周的女儿接回了家，晚上看电视的时候，妈妈笑眯眯地对小鹿说道："小鹿，我昨天碰到楼下的李婆婆，她夸你是一个懂事的孩子呢！"

小鹿听了妈妈的话，没有搭话，只是用嘲笑的眼神瞥了妈妈一眼。小鹿妈妈一见女儿是这种反应，心立刻凉了半截。但是她不甘心就这样放弃，于是继续对小鹿说："李婆婆真是这么说的。"不料小鹿却说："妈，我今年一直住校，都快半年没见过李婆婆了，她怎么会无缘无故地夸我呢。你这谎话也编得太没水平了，我自己知道自己是个什么样子，你们不骂我，我就念阿弥陀佛了。"小鹿说完后，站起身回自己屋了，不再搭理妈妈。

小鹿妈妈原本希望通过夸赞让小鹿变得不那么叛逆，变得更加自信和积极，但是她的愿望还是落了空。她心里非常沮丧，不知道该怎么办了。

小鹿妈妈的出发点是好的，她打算用赞美的方法来督促孩子变得更好、更优秀，但是她的赞美却并非事实，而是她编造的谎言，这让孩子觉得她很虚伪，其结果是，孩子不但不能受到激励，反而会对妈妈心生反感。所以，父母务必谨记，实事求是的赞美才会让孩子从心底信服，真正地打动孩子的心，才能对孩子起到激励、教育的效果。

小贝今年上六年级了。最近，学校组织了一次春游，小贝也去参加了，他玩儿得非常开心。春游结束后，老师让大家写一篇游览日记。小贝将春游中的所见所闻都写了下来，然后拿给爸爸看。

爸爸看完后觉得，小贝的作文立意鲜明，可以让人产生身临其境的感觉，比如"春回大地，鸟语花香""泉水潺潺地流过""万物都苏醒了，花儿、草儿都争先恐后地冒了出来"……但是个别的地方，语句还有些不通顺，作文的架构上也有问题。

于是，小贝爸爸告诉小贝："你这篇作文写得还不错，词语用得很准确，可见你的词汇量还是很丰富的，平日里也积累了不少素材。"小贝听了爸爸的夸奖，心里别提多开心了。但是，爸爸在停顿了一下后继续说道："但是作文里还有一些地方有逻辑问题，比如这里……再比如这里……"小贝爸爸一边说着，一边伸出手指将错误指了出来，然后说道："这几个地方如果你能再改进一下，然后再将作文的整体结构调整一下，就是一篇非常优秀的作文了。你想一想，爸爸说得对不对？"

小贝思考了一下，觉得爸爸说得很有道理，也很中肯，既没有一味地表扬自己，也没有一味地揪着自己的缺点不放，于是根据爸爸的意见进行了修改。

父母是孩子的一面镜子，父母的行为会在无形中影响孩子的行为，父母怎样赞美别人，孩子也会跟着学，所以父母在赞美别人时，一定要做到实事求是，这样孩子在赞美别人时才能做到实事求是。

实事求是的赞美能帮助孩子正确认识自己，不断提升自己，有利于培养孩子的社会情商，让孩子的社交之路更加顺畅。

3. 赞美别人要风趣幽默

赞美别人是人际交往的需要，是让孩子更好地维持人际关系的绝佳方法，所以父母一定要告诉孩子如何赞美别人才能获得想要的效果。

赞美的语言多种多样，有的平铺直叙，有的饱含深情，如果能在赞美中加入一些幽默元素，那对方一定会更加乐于接受。

小雨今年上初中了，正是处于青春期的年纪。由于爸爸工作比较忙，平时妈妈管她多一些。但是，她总觉得妈妈太唠叨了，哪怕是一些表扬或鼓励的话，从妈妈嘴里说出来，她也觉得没什么意思。所以，妈妈的话很少能走进她的心里，妈妈也为此苦恼不已。

　　后来，小雨妈妈认真阅读了一些有关亲子沟通的书籍，其中有一个建议令她印象深刻："试着在赞美孩子的时候风趣幽默一些，也许会收到意想不到的效果。"小雨妈妈觉得这个方法正是自己欠缺的，于是决定试一试。

　　这一天是周末，由于不用送孩子上学，也不用上班，所以小雨妈妈睡了个懒觉。等到小雨妈妈起床后，发现家里变得既整洁又明亮，而且餐桌上还摆了一份儿早餐。小雨妈妈看到这一切后，觉得小雨真的长大了，于是故意用开玩笑的口吻道："哇，这是谁这么能干啊？难道是小仙女变出来的吗？"小雨听了妈妈风趣幽默的赞美后，一种劳动的满足感顿时油然而生，心里乐开了花。

　　晚上临睡前，小雨完成了一天的作业，正准备上床睡觉，这时妈妈走过来笑着说道："小雨，你今天的作业提前了一小时做完，做得真棒，妈妈为你感到骄傲。但是你就这样上床睡觉了，你是打算让你的作业露宿街头吗？这样不合适吧。"小雨听了妈妈的话，先是愣了一下，随后立即反应过来，原来妈妈是在提醒自己收拾好书本再睡觉，她被妈妈的话逗得哈哈大笑，愉快地起身收拾好书包，并且感谢了妈妈的提醒。

风趣幽默是一个人有风度、有涵养及高情商的体现，它不但可以缓解尴尬的气氛，还能让人身心放松。故事中的小雨妈妈无论是夸奖小雨还是批评小雨，都使用风趣幽默的语言来进行，所以取得了非常好的效果。

小彬是个懂事的小男孩儿，在和小朋友们一起玩儿时，他很懂得照顾其他小朋友。有一次，小彬和几个小朋友一起玩儿，只听其中一个小朋友说道："我家有一套变形金刚，是我姑姑送给我的，非常好玩儿。"另一个小朋友听了，失落地说道："我家没有，爸爸妈妈不给我买。"看着那个小朋友失落的眼神，小彬说："你别伤心啊，我家也没有变形金刚，爸爸妈妈说现在要多看书，少玩儿玩具呢。"但其实，小彬家里有好几套变形金刚呢。

过了一会儿，一个小女孩儿突然哭起来，因为其他小朋友对她说："你长得不好看，我们才不要和你玩儿呢。"小女孩儿的爸爸妈妈正要过去，只见小彬快步走过去，把纸巾递给她，说道："你听过丑小鸭的故事吗？丑小鸭最后都会变成美丽的白天鹅，你以后也会变成美丽的白天鹅，所以不要哭了，好吗？"小女孩儿睁着无辜的大眼睛，抽泣着问道："是吗？"小彬很肯定地告诉她："是的。"

大家看到这里，都夸小彬这孩子会说话、情商高，并且询问小彬妈妈平时是怎么养育孩子的。小彬妈妈告诉大家，其实小彬小时候是很害羞的，不善言谈，她发现这个问题后，便经常鼓励小彬多与人交往，也经常陪他进行亲子阅读、亲子游戏，渐渐地，他的语言表达能力和社交能力越来越强，时不时还会小幽默一下。

赞美与幽默相结合，在人际交往中常常会收到意想不到的效果。父母要告诉孩子，无论什么时候，无论什么场合，都不要吝啬自己的赞美，并且要逐渐尝试在赞美中加入一些幽默风趣的元素，这样不仅能让对方更容易接受，还能拉近双方之间的距离，加深双方之间的关系。

父母要在孩子小时候，就有意识地培养孩子幽默风趣的性格，让他们逐渐掌握这种沟通的能力和技巧，这样他们就能游刃有余地处理社交问题，他们的生活态度也会更加阳光，成长之路也会更加顺畅。

4. 赞美别人要温暖人心

在人际交往中，有的人不喜欢用赞美"讨好"别人，有的人赞美别人时语言干瘪枯燥没有感情，有的人只是随意赞美一下，说者不会放在心上，听者却能察觉出其中的不同。

推己及人，我们都不想收到违心的赞美，我们都想收到温暖人心的赞美，所以我们在要求别人时，首先要从自己做起。父母在教育孩子时更是如此，要从小就告诉孩子，赞美别人时要温暖人心，让别人感受到你的真诚和善意。

小雯是一个开朗、健谈的女孩儿，在学校里，同学们都喜欢和她聊天、玩耍，因为她的笑容令人如沐春风，她的话语让人觉得温暖舒爽。

一次，小雯在街上看到一个小女孩儿低着头坐在地上，旁边放着一块小牌子，上面写着她钱包丢了，希望好心人给她一些饭钱和路费。小雯看到后立刻要掏钱，同伴赶紧拉住她说道："你难道看不出来这是骗人的把戏吗？"小雯回答说："我当然知道啊！但是万一她是真的呢？"小雯一边说着，一边将钱塞进了女孩儿手里，并且悄悄地嘱咐她："你这么漂亮的女孩子，这么晚了还在外面不安全，我多给你些钱，你去找个旅馆住，遇到事情记得找警察。"小雯说完后便和朋友们离开了，只留下那个小女孩儿默默地坐在原地。

过了几天，小雯在电视上看到了那天在街上乞讨的那个女孩儿，原来她真的是身不由己，她试过很多种办法，包括到饭店请求做工，但是因为不到法定用工年龄，没有人敢收留她。最后实在没有办法，她只好厚着脸皮在街上乞讨。但是她坐了好久，没有一个人向她伸出援手，就在她绝望之际，没想到老天让她遇到了小雯，小雯就像一束光一样，让她冰冷的心又重新暖和起来。后来她在警察叔叔的帮助下，联系上了自己的父母，平安地回到了家。她通过电视节目对小雯说："我虽然不知道你在哪里，但是我要衷心地对你说一声谢谢。谢谢你的赞美、信任与关爱，我想说，亲爱的不知名的小姐姐，你不仅长得漂亮，心灵也像花儿一样美丽，你就像是一束阳光，温暖了我原本冰冷的心。"

父母是孩子的第一任老师，父母告诉孩子什么，孩子就会学习什么。所以父母要在孩子小时候，教会他们如何赞美别人才能温暖人心。具体来说，父母应该告诉孩子，赞美别人时要有实质内容，要发自真心，同时要辅之以眼神、手势、表情等肢体语言。

另外，父母还要引导孩子去发现生活中的美好，让他们用心感受这些美好的意义和价值是什么，这样他们才能从中汲取温暖的力量去赞美别人。

小阳今年读五年级，在大家眼中，他是一个情商很高、嘴巴很甜的男孩儿。

有一次期中考试，小阳的同桌没考好，心情有些失落，正趴在桌子上看着窗外发呆。小阳见状，用胳膊肘碰了他一下，说道："哎，不就是一次期中考试吗？至于吗？你看我，考得还没你好呢？你呀，就是对自己要求太高了。"

同桌无奈地说："唉，你不懂！"

小阳不解地问："我怎么就不懂了？"

同桌说道："我爸妈早就给我定好了目标，如果我没有达到他们定的目标，我就要接受惩罚，差一分就要做一本习题集。我这次考试差了5分，我就要做5本习题集。你想想，我们每天的作业那么多，再加上5本习题集，我能完得成吗？光想想我就头大了！"

小阳说道："嗨，我当是什么事儿呢，我觉得做这些习题集对你来说，就跟闹着玩儿似的。"

同桌不以为然地说："别开玩笑了，那也是需要很多时间的。"

小阳说道："你做这些习题集累是累，但是做完这些习题集，不仅你的学习成绩会提高，你的知识面会得到拓展，答题技巧也会提高。你就知足吧！很多同学想尽各种办法成绩都提高不了，你做几本习题集就成绩、知识、技巧'三丰收'了，不知道背地里有多少人羡慕你的天赋呢！"

小阳的话就像一束阳光照进了同桌的心中，他抑郁的心情顿时一扫而光。

赞美别人是孩子在社交中必须掌握的一项技能，是关乎他们社交成败的重要因素。赞美得好，不仅能给人正面、积极的影响，还能温暖对方的心。

赞美是孩子有修养、高情商的表现，当孩子赞美别人时，别人会从心底感受到一种温暖的力量，同时会生发出一种感激之情。所以父母要告诉孩子，赞美别人一定要温暖人心，让别人从心底感受到并认可你的赞美，这样你们之间的关系就会更加和谐、融洽。

5. 赞美别人要直抵人心

现在很多父母知道赞美孩子的重要性，但是很少有父母能掌握赞美的精髓，大多数父母通常只是随口称赞一句"你做得很好""你做得不错"之类的，这样的赞美无法让孩子接收到你的感情，他们从中只会听出你的敷衍了事，认为你没有诚意，长此以往，孩子必将对你的任何赞美都不再在意。更严重的问题是，孩子听惯了父母敷衍式的赞美，他们也会学着父母那样用敷衍的方式去赞美别人，为他们的社交之路埋下隐患、制造障碍。

小安是个安静的女孩儿，她最大的爱好就是画画，除了学习功课，她把大部分时间都用在了画画上。

周末，她用了整整一天的时间画了一幅湖边夕阳图。这幅画层次鲜明，颜色唯美，韵味十足，看上去让人很震撼，妈妈看到后也觉得很好看，但她不知道该怎么去表达，所以只是随意地说了一句画得很好。当小安听到妈妈的夸奖和以往没有任何区别时，心里非常失落，这可是她耗费了整整一天时间的劳动成果，她觉得这幅画不仅饱含着她的汗水，还融入了她最近学习的新技法，和以前的画作相比有巨大的进步，没想到，却只换来妈妈一句轻描淡写、敷衍了事的"画得很好"。

小安失落的神情妈妈看到了，她不解地问道："你这是怎么了？妈妈夸你还不对了？怎么还把你夸不高兴了呢？"

小安沮丧地说道："你每次夸奖都是这么一句，根本就是在敷衍人家，我已经没有任何期待了！"

妈妈无奈地说："难不成还要我夸出一朵花来啊？"

小安撇撇嘴，说："那倒不用，但是妈妈，难道你看不出我的画和以往有什么区别吗？你难道没觉得这幅画在技法上提升了很多吗？"

妈妈仔细一看，还真是这样，但是她也不好意思再去夸奖一遍了。

后来有一次，妈妈带着小安去朋友家串门。妈妈和朋友坐在沙发上聊天，小安和妈妈朋友家的孩子在一旁玩儿积木玩具。那个孩子用很短的时间拼装好了一个积木玩具，当他把拼好的积木拿给小安看时，小安淡淡地说："嗯，不错，挺好的。"听到小安敷衍式的"夸赞"，那个孩子的脸上露出一丝失望的神色，然后跑到一边自己去搭建新的积木了，再也没有跟小安互动过。

小安妈妈看在眼里，愧在心里，她知道自己的行为已经影响到了孩子，因为自己夸赞小安不用心，导致小安夸奖别人时也是一种敷衍了事的语气，这对她今后的人际交往会产生巨大的负面影响。意识到问题严重性后，小安妈妈在心里暗暗发誓，今后在夸赞孩子时一定要多用点心思，为孩子做好榜样示范。

故事中的小安妈妈在赞美孩子时语调单一，用词简单，让孩子觉得她的赞美很不用心，从而对小安产生了不良的影响。在平时的生活中，父母要对孩子言传身教，以身作则，发挥良好的榜样示范作用，让孩子了解赞美别人时要用心，不能敷衍了事，这样别人才能感受到你赞美时的真情实意。

小朵今年 10 岁了，不仅长得漂亮，而且多才多艺，因此，她常常收到别人的赞美。

周末，小朵要跟同学去郊游，于是她换上了妈妈给她买的新运动短裙，妈妈看到后，忍不住啧啧称赞道："朵朵，你穿上这衣服简直是锦上添花啊，这颜色，这款式，更映衬出你清秀可爱了。这身衣服太适合你去户外郊游了。"小朵听了妈妈的赞美，心里乐开了花，对今天的郊游更加期待了。

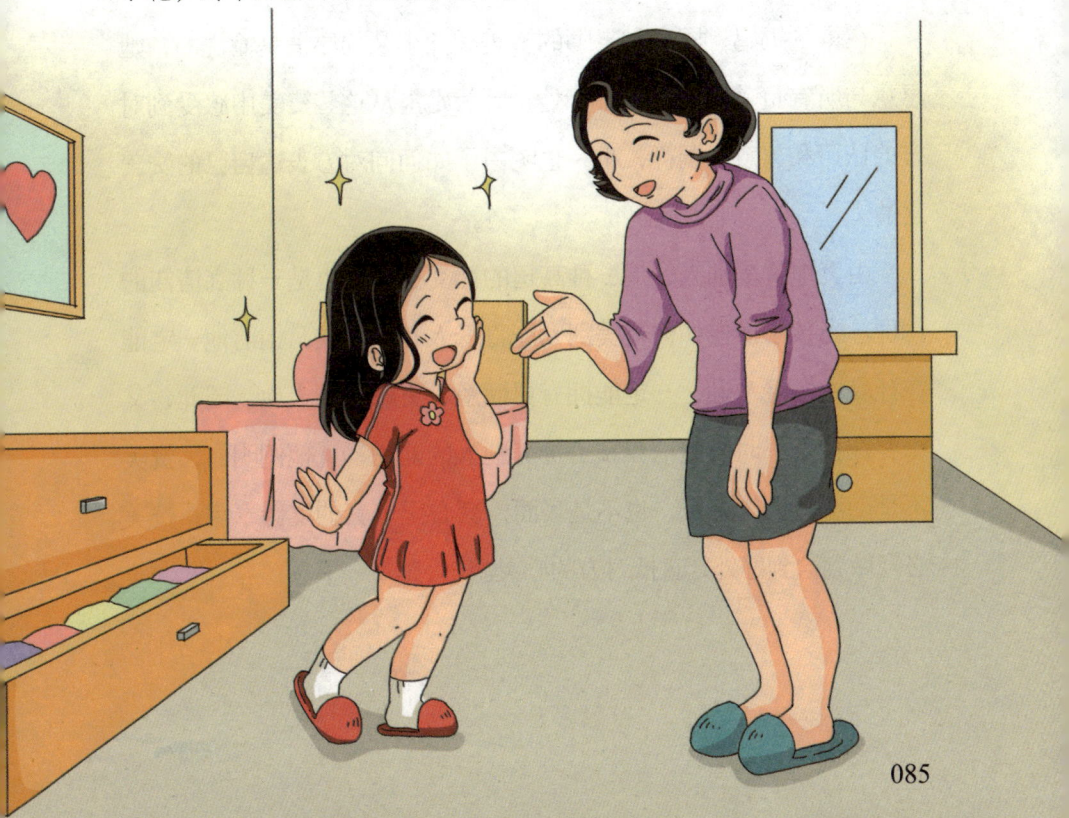

收拾好郊游的物品后，小朵就去找同学们会合了。很快，参加郊游的同学都到齐了，大家在一起你一言我一语，甭提多开心了。大家聊着聊着，渐渐把目光转到了小朵身上，只听其中一个女孩儿指着小朵身上的裙子羡慕地说："哇！小朵，你这裙子好漂亮啊！这个运动风格和你太配了，我也很想买一套呢！"小朵听到有人和自己的眼光一样，心里瞬间美滋滋的。

有人提议唱歌助兴，小朵被大家推出来当领唱，小朵也不忸怩，大大方方地唱了起来，然后大家也跟着唱起来，所有人都沉浸在了快乐的歌唱中。唱完后，大家纷纷夸赞小朵能歌善舞，小朵得到大家发自内心的夸赞，一整天心情都棒极了。

在得到妈妈、同学和老师的赞美后，小朵的心情是愉悦的，她愿意与所有赞美她的人友好相处，因为她能从这些赞美中感受到对方的认可和善意。同样，小朵也明白了如何向对方表达自己的赞美之情。

由衷地赞美别人，是一种高超的社交技巧，也是一种高情商的体现。当孩子懂得如何赞美别人能直抵人心的时候，相信他一定能在社交中备受欢迎，一定能拥有更惬意、更顺畅的人生。因此，父母要在孩子小时候就培养孩子赞美别人的能力，让他们明白，赞美不是随意敷衍的夸赞，也不是表面一套心里一套的虚伪奉承；赞美必须做到恰到好处，直抵对方的心灵。

6. 赞美别人才能成就自己

　　赞美别人，是对别人优点和长处的由衷钦佩和赞叹，是对别人欣赏之情的最直接表达。真诚地赞美别人，你在收获对方好感的同时，你自己的人格也能获得升华，人格魅力也能得以彰显。父母从孩子小时候起就要培养孩子赞美别人的意识和能力，让孩子在赞美别人的同时，成就自己精彩的人生。

　　刚上一年级的小卉对新环境有些陌生，眼前都是陌生的同学，自己在幼儿园时的好朋友一个都没有。就在小卉感到孤独惶恐之际，她看到旁边有一个小女孩儿，梳着非常漂亮的发型，两条麻花小辫子可爱极了。小卉情不自禁地夸赞道："你的头发梳得真漂亮，是理发师给你弄的吗？"小女孩儿听到小卉的问话，自豪地笑着说："不是，是我妈妈帮我梳的，妈妈说今天是上学第一天，一定要漂漂亮亮的，给老师和同学留个好印象。"

　　听了小女孩儿的话，小卉由衷地夸赞她："你妈妈梳头发的技术真好，你配上这个发型显得更漂亮了，就像小仙女一样。"小女孩儿听了小卉的夸赞，脸上的笑容更灿烂了，说道："你长得也很漂亮啊，我觉得比我漂亮呢！我叫小丽，你叫什么名字啊？咱们做好朋友吧，待会儿分座位的时候咱俩就坐一起，跟老师说我们要坐同桌。"

小卉开心地说道："好啊好啊，我也是这么想的，很高兴认识你，小丽，我叫小卉，我们以后就是好朋友了。"

小卉对同学的赞美让她收获了新环境中的第一个朋友，有了新朋友的陪伴，小卉也不觉得孤单和惶恐了，一整天都开开心心的。

俗话说：赠人玫瑰，手有余香。这句话用在对别人的赞美上再恰当不过了。当你赞美别人时，也会收到对方善意的反馈。不要吝啬你的赞美，赞美就像一块"敲门砖"，帮你敲开友谊的大门，让你收获别人的好感和友情，同时也帮你打开与人交际的空间，让你在人际交往中人见人爱。

但是很多时候，孩子并不理解其中的道理，尤其是青春期的孩子，由于性格叛逆，往往看不起这个，瞧不上那个，对别人常常怀着一种排斥的心理，如果想让他们夸赞某个人，那可是难上加难，这就在无形中为孩子的人际交往制造了壁垒和障碍。

小刚今年上高二了，他经常利用课余时间去打篮球，是学校篮球场上的明星球员，受到很多同学的追捧，小刚也十分享受这种被大家欢呼的感觉。

但是随着一位新同学的到来，小刚在篮球场上的地位受到了严重挑战。这位新同学名叫小亮，是这学期刚刚转到小刚所在班级的，他跟小刚一样，有着帅气的外形，高超的球技，而且他弹跳力惊人，可以从罚球线起跳将篮球砸进篮筐，凭借这一撒手锏，他在很短时间内就俘获了一大批支持者，原来那些支持小刚的同学现在都转而支持小亮了。

面对小亮带来的威胁，小刚心中很不服气。在球场上，他数次想要找小亮直接对决，但都被小亮拒绝了。面对小亮的退让，小刚误认为是小亮怯懦、软弱，不敢应战，所以常常在同学面前表达对小亮的藐视。

学校篮球联赛开始后，小亮和小刚作为主力代表班级参战。小刚清楚地记得，去年篮球联赛时，虽然自己很卖力，在外线百步穿杨，不断为球队得分，但是球队的内线实在不给力，根本无法对抗对方的大中锋，整个内线防守就如同豆腐渣一样，小刚个人力量再强，也是有心无力，无法力挽狂澜，结果班级在小组赛阶段就被淘汰了。但是今年的情况大不一样了，小刚在外线的投射和突破依然犀利，而内线因为有了小亮的存在，已经成了对方球员的禁飞区，小亮一次次的盖帽让对方的进攻屡屡受挫，同时小亮还利用进攻篮板不断得分，与外线的小刚配合默契。

看着小亮给球队内线带来的翻天覆地的变化，小刚早已把对小亮的成见抛到脑后，每一次进攻得手后，他们都击掌庆祝，每一次进攻失败后，他们都互相鼓励，两个人的关系随着比赛的进行不断升华，两个人的友谊随着比赛的节节胜利不断加深。

当捧起冠军奖杯的时候，小刚拍着小亮的肩膀，羞愧地说："之前是我做得不对，我的气量小，太狭隘了，你千万不要介意，希望我们能成为朋友。"

　　小亮也轻轻拍了一下小刚，佩服地说道："我们早就是朋友了，你这百步穿杨的功夫，啥时候教教我吧，我简直佩服得五体投地呢！"

　　说完两人哈哈大笑起来。能在青春激昂、意气风发的年纪，遇到志同道合、意气相投的朋友，真是人生最大的幸事。

　　故事中的小刚和小亮，正因为他们能真诚地欣赏和赞美对方的长处，所以两人最终成了知己好友。如果你认为对方很优秀，就不要吝啬你的赞美，这样不仅能获得对方的好感，同时也可以展现你的修养和素质。赞美能让你收获好人缘，在人际交往中更受大家的欢迎。

　　父母一定要告诉孩子，欣赏、赞美别人的优点，不仅能让别人感受到你的善意和友情，同时还能体现你的胸怀和情商，提高你的境界和修养，让别人更愿意跟你交往。

第五章

随机应变，高情商的孩子会变通

　　随机应变是高情商的一种表现，也是孩子在生活中必备的一种能力。为了让孩子拥有这种能力，父母要从以下几方面着力培养孩子：让孩子懂得什么是以退为进；让孩子学会遇到难题绕着走；让孩子明白尽量避免与人正面冲突；让孩子知道知错就改和迷途知返；让孩子明白有时候放弃也是一种智慧。总之，让孩子掌握随机应变的能力，能让孩子在生活中少走很多弯路，让他们的人生道路更顺畅。

1. 以退为进才能走得更远

鹬蚌相争的故事大家都听说过，鹬和蚌互不相让，始终僵持在那里，结果最后它们谁都没有获利，反而被一旁的渔翁捡了便宜。如果当时鹬和蚌有一方懂得退让一步，那么最后的结果肯定会大不相同。

生活中有一些孩子，就如同故事中的鹬和蚌一样，为了一个玩具而互不相让，一直僵持，让游戏失去了原来的味道；为了一块蛋糕而互相争抢，让友情荡然无存。他们只知道一味地前进，哪怕撞得头破血流，也绝不后退一步。如果他们能懂得以退为进的道理，那结果将大不一样。

小莲今年读初三，她是家里的独生女，从小就被父母宠着、惯着，慢慢养成了骄纵的性格，但凡她喜欢什么东西就一定要得到，连衣裙、芭比娃娃、电话手表、平板电脑等，只要是她想要的，无论父母一开始多么坚决地告诉她不行，但到了最后，父母都会妥协。

最近，小莲所在的学校要举行朗读比赛，每个班推选一名选手参加比赛。自认为朗读能力一流的小莲对这个名额志在必得。周一下午，班级选拔比赛正式开始，包括小莲在内的5位选手角逐代表班级参赛的资格。当5位参赛的同学全部朗读完后，老师让全班同学为这5位同学投票，得票最高者代表班级参加全校的比赛。

小莲本以为自己稳操胜券，但是投票结果却让她倍受打击，因为小芳所得的票数要远远高于她。面对失败，小莲无法面对，从小到大，只要是她想要的东西，还从来没有失手过，这次代表班级参赛的资格，她又怎么甘心拱手让人？为此，小莲在课堂上大闹起来，甚至指责同学们偏心，故意跟她过不去，同学们见小莲如此无理取闹，心中都非常不满。

班主任对小莲的过激反应也非常不满，作为语文老师，他觉得同学们的投票没有任何问题，小芳无论是在感情上还是节奏气息的把控上都要远远胜过小莲，小芳代表班级参加比赛是实至名归的，小莲完全就是在无理取闹。

为了小莲的成长和进步，班主任找来小莲的父母，把事情原原本本地告诉了他们，并且希望他们可以配合学校，好好地对小莲进行思想教育，纠正她这种只知一味获取而不懂得退让的缺点。

故事中的小莲就是我们通常所说的一条道走到黑的人，她情商不够高，不懂得以退为进的道理，到最后反而对自己造成了莫大的伤害。以退为进是一种大智若愚的生活态度，当你在某件事情上不占优势时，不妨后退一步，也许就会看到海阔天空呢。

小路的高考成绩不是很理想，和他预期的首都医科大学还相差很多分。经过几天的心理调适后，小路没有再对着首都的方向"望洋兴叹"，而是选择了第二志愿——省城的一家医科大学。

他初到省城医科大学的时候，尽管心里仍有几分不甘心、不情愿，但他还是打起了精神，全身心投入紧张的专业学习中。大学期间，他刻苦学习，毫不懈怠，几乎所有的时间和精力都花在了专业学习上。功夫不负有心人，他的努力赢得了回报——他获得了国外一所著名医科大学交换生的资格，学习了国外的最新的医学知识，开拓了医学视野，最终以优异的成绩毕了业。

小路在学校期间的优秀表现，博得了一位老教授的赏识，毕业后，老教授将他推荐到了本地一家重点医院实习。一开始，他只是做些杂事，熟悉医院的环境，但是他不怕脏，不怕累，又有过硬的专业知识，所以很受大家的喜爱。很快，他受到主管医生的推荐，提前结束了实习期，并且成了这所医院的正式医生。

小路在高考失利后没有一蹶不振，而是退而求其次选择到第二志愿的省城大学就读，在校期间他振作精神，刻苦学习，并最终获得了回报，在自己的理想之路上越走越好。

生活中有很多事情并不能如人所愿，面对这种情况，很多孩子哪怕受伤也会往前冲，这种时候父母应及时给孩子指点迷津、指引方向，告诉他们以退为进的道理，让他们在以后的人生路上更加进退有度、游刃有余。

2. 遇到难题不妨绕着走

我们从小接受的教育就是要有执着的精神，要迎难而上、锲而不舍，而大多数父母也是这样教育自己的孩子的。不可否认，成功需要这种锲而不舍的精神，但是事情并不是绝对的，锲而不舍的精神并不适用于所有事情。在有些时候，父母需要告诉孩子遇到难题时要绕着走，这样孩子在成长道路上才能走得更加顺利。

叶紫今年读初三，她学习很刻苦，成绩算不上最好，但在班里也中上游。时光荏苒，很快到了下学期，为了让叶紫中考有个好成绩，妈妈每天晚上都陪着她复习、做模拟题。

　　这天晚上，叶紫要做一套数学模拟题，一开始的时候，她做得还算顺畅，但是做到一半的时候，她被一道计算题难住了，她算了一遍算不出来，于是又算了一遍，但还是算不出来。妈妈见状，提醒她说："考试要先易后难，可以暂时绕过这道难题，先做其他的题目，最后再来攻克这道难题。"但是叶紫摇摇头说："不用，妈妈。我马上就要算出来了，我现在的思路都在这道题上了，我要是不把它算出来，我心里就会一直惦记着它，这样就算去做其他题目，我也进入不了状态啊！"

　　见女儿这么执拗，妈妈耐心地告诉她："我们就以这套模拟试卷来说，它的答题时间是 1 小时，如果你把大部分时间都花在这道难题上，那么其他题目你肯定就做不完了，到头来，你就会被扣掉更多的分数。考试也是需要技巧和策略的，先把会的题目都做完，最后再集中精力解决'拦路虎'，这样就算最终不能解决它，也不至于被扣很多分数，你说是不是？"

叶紫听了妈妈的话，觉得很有道理，于是答应妈妈改正自己这个毛病。

在我们的生活中，像叶紫这样的孩子有很多，父母要告诉这些孩子，生活中总会遇到各种难题，这时不妨先绕着走。你看那些山间的溪流，它们奔流不息，在流淌的过程中也会遇到阻路的山石，但是它们从来不会在山石那里停留，而会绕过这些山石继续向前奔流；还有那些在春天被压在石板下面的小草，当它们在石板下面发芽，发现头顶是一块石板时，它们没有以柔弱的力量与坚硬的石板相抗衡，而是选择从侧向努力生长，从旁边的石头缝隙中长出来，然后沐浴在阳光下。在孩子成长过程中，父母也应该让孩子明白这样的道理。

小江今年中考成绩不太理想，没有考上理想的重点高中，她很沮丧，对未来也很迷茫。妈妈见她一副垂头丧气的样子，劝慰她说："孩子，人的一生很长，而你的人生才刚刚开始，虽然暂时遇到了一些挫折，但是妈妈相信你一定能成功克服它的。去上普通高中吧，只要你努力，一样可以考上大学的。要知道，重点高中也有考不上大学的，普通高中也有考上清华北大的，关键还在于自己是否努力。"

小江觉得妈妈说得很有道理，于是她选择了本市一所普通高中。开学的第一天，班主任老师对在座的同学们说："同学们，你们的未来是掌握在自己手里的，而不是掌握在学校手里，你们想考什么样的大学，过什么样的人生，就看你们自己付出什么样的努力。"班主任老师的一番谆谆教诲就像一束光一样，瞬间照亮了小江的心房。

小江知道自己和那些上重点高中的孩子还有很大差距，所以她一刻也不敢懈怠，把大部分时间都用在了学习上。即使是在节假日，她也没有停止学习。功夫不负有心人，小江在经过三年的刻苦努力后，最终如愿考上了一所重点大学。

小江很开心，她觉得自己虽然中考失利，在学习的道路上拐了个小弯儿，但她最终还是和那些上重点高中的孩子一样，考上了梦寐以求的大学。

很多时候，孩子由于年龄小，还不知道该怎样有策略、巧妙、高效地去解决生活中的一些难题，这时父母就要做好引导工作，让孩子明白遇到难题时没有必要一定去硬碰硬，很多时候，此路不通，还会有其他路，换一种解决方式未必不能见晴天，遇到困难绕着走并非怯懦，而是一种解决问题的智慧和生活的哲学。

3. 尽量不与人产生正面冲突

生活中，人与人之间难免发生各种冲突：孩子之间因为一个玩具或一句话而打架，夫妻之间因为一些鸡毛蒜皮的小事而闹离婚，陌生人之间因为一些小摩擦而大打出手，最后打输的住院，打赢的花钱，双方都得不偿失。

其实上面这些情况本是可以避免的，如果换一种方式处理，双方完全可以以一种皆大欢喜的方式解决眼前的问题。

一天傍晚，吃完晚饭的小强和妈妈来到小区院子里散步。在散步过程中，小强看到路上有一个空矿泉水瓶子，于是随意地用脚踢了起来。这时候，从旁边跑过来一个年龄相仿的小朋友，气呼呼地对小强说："这是我扔的瓶子，你不许踢。"

可以肯定的是，在小强踢这个瓶子之前，这个小朋友还没有出现。现在这个小朋友提出如此无礼且蛮横的要求，放到一般人身上肯定会生气，甚至会和这个小朋友争吵起来。但是小强却没有生气，他的情绪很平静，因为爸爸告诉过他，当与别人发生矛盾的时候，要尽可能不与对方发生正面冲突，想想有没有两全其美的方法。

小强笑着对那个小朋友说："这瓶子是你的啊？那还给你吧。"那个小朋友有些诧异地接过小强递过来的瓶子，自己刚才气势汹汹的架势，换来的却是小强如此和善的回应，他有些不敢相信自己的耳朵。

小强继续说道："我们在学校玩儿一种游戏，这个瓶子倒是玩儿这个游戏很好的道具，你想不想和我一起玩儿啊？"

小孩子嘛，说到玩，肯定是很感兴趣的，那个小男孩放下了刚才气势汹汹的架势，微笑地朝小强点点头，并且着急地问小强："怎么玩儿啊？你快给我说说。"

小强从路边捡起几颗小石子，说道："咱们把这个瓶子放到远处没人的地方，然后咱俩一人手里拿五颗石子，一次一颗地扔出去，看看谁先打倒那个瓶子。"

听了小强的话，那个小朋友开心地直拍手，就这样，两个小朋友高兴地一起玩儿了起来。

其实故事中的小朋友并不是真想跟小强发生冲突，他只是找不到人跟他一起玩儿，想引起小强的注意而已，只是孩子还小，实在想不出还有什么办法可以跟小强沟通。如果小强是个脾气暴躁的孩子，不懂得与人为善的重要性，那两个人早就发生冲突，大打出手了，但是在小强的引导下，两人不但没有发生冲突，还成了一起玩耍的好朋友，小强这种处理方式简直是孩子学习的典范，而这一切都离不开父母平时对小强的教导：尽量不要与人正面冲突，要与人为善。但是有些时候，很多父母会忽略这方面的教育，导致孩子遇到类似的问题时不能妥善应对，甚至出现两败俱伤的局面。

社区刚刚修建了一座笼式足球场（用铁丝网圈成一圈的足球运动场地），小刚写完作业后，拿着足球下楼想要跟朋友踢一会儿足球，但是有几个年龄相仿的孩子正坐在足球场上聊天。足球场本来就是踢足球的地方，这几个孩子坐在里面，小刚和朋友根本没法踢球。本来这件事小刚是占理的，但是小刚在处理问题的方式上很糟糕，他生气地来到那几个孩子跟前，颐指气使地说道："我们要踢球了，你们赶快离开这里，不要碍事！"

　　都是年轻气盛的孩子，那几个孩子见小刚态度如此蛮横，就转过头不理他，继续聊他们的天。这下可把小刚气坏了，他上前用力踢了其中一个孩子，这下冲突彻底爆发了，那几个孩子也不客气，他们跳起来跟小刚扭打在一起。旁边健身的大爷大妈见状，赶紧过来劝解，这才把两拨孩子分开，小刚和朋友球没踢成，还窝了一肚子火。

　　如果小刚一开始能以与人为善的态度去跟那几个孩子沟通，相信冲突是完全可以避免的；如果小刚再懂事一些，主动邀请这几个孩子一起踢球，那么双方不但不会产生冲突，甚至还可能成为好朋友，可惜解决问题的方法那么多，小刚偏偏选择了最糟糕的一种。其实小刚之所以这样，与父母平时的教育是分不开的，小刚的父母平时不但不教育他尽量避免与人发生冲突，反而他们自己动不动就与人发生冲突，耳濡目染之下，小刚自然就养成了这种好勇斗狠的性格，这对他以后的成长可谓贻害无穷。

所以父母在教育孩子的时候，一定要告诉孩子，尽量减少与别人正面冲突，换一种方式解决矛盾，不仅能避免两败俱伤，还能皆大欢喜。

4. 知错就改才能进步更快

生活中我们常常会听到一些父母抱怨说，自己的孩子总是犯错，比如早晨没有按时起床，早上出门时忘记了带书包，写作业时敷衍了事、错误百出，跟"坏孩子"学了一些不良习惯等。在孩子犯错的情况下，父母若是一味按照自己的方式教育孩子，有的孩子可能会接受，有的孩子则可能生出逆反心理。

今年5岁的小源，开始有了自己的意识，喜欢自己收拾自己的东西，而且不管有什么事情，都喜欢抢着去做。

一次，妈妈带着小源去农家乐玩儿，小源很开心。等到中午的时候，小源和妈妈一起排队点餐，妈妈让小源坐到座位上去，说自己一个人去排队就行了，但是小源执意要跟妈妈一起，妈妈拗不过他，只好带着他一起去排队。在排队过程中，妈妈抱怨说："我让你坐在座位上，你这孩子就是不听。一会儿妈妈还得端餐盘，难免会顾及不到你，到时候你被人群撞到可怎么办？"

听到妈妈的牢骚，小源气呼呼地扭头不理她。过了一会儿，他们点的餐出来了，妈妈在前面端着餐盘，小源拉着她的衣角跟着往前走。这时，小源突然拐了个弯儿，走到了另一边，妈妈看到后赶紧追了过去，抱怨他去那边干什么。可是小源没走几步，就被一个顾客撞了个正着，妈妈也顾不得手里的餐盘了，赶紧一边跑过去扶住他，一边对着他吼道："你这孩子，怎么就是不听话呢，如果刚才你好好坐在座位上，会挨撞摔倒吗？"

面对妈妈的厉声斥责，小源委屈得直抹眼泪，说自己只是想过去把那个花盆扶起来而已。妈妈虽然此时也看到了那个倒在地上的花盆，但是她已经被刚才的情况冲昏了头脑，一腔愤懑不吐不快："你这孩子，要去扶花盆儿，你倒是跟我说一声啊！你知道刚才有多危险吗？万一被人碰倒后又被踩上一脚，那怎么办啊！"

其实，这件事情是小源妈妈反应过激了，这只是孩子的一个小失误而已，而父母的过激反应可能是关心则乱吧。在此想要告诉父母的是，当孩子犯错时，首先要分析错误的性质和程度，即这个错误是不是一种大到影响到孩子成长的原则性错误。哪怕孩子犯的错误真的很大、很严重，父母也要讲究教育的方式方法，这样孩子才能接受你的教育，进而知错能改。

小微今年上高中了，由于离家比较远，只好选择了住校，每个月回家一次。好不容易熬到了周末放假，小微寻思着一定要好好睡个懒觉。第二天，她一直睡到上午10点还没起床，妈妈觉得她可能在学校学习太累了，所以也没有叫她，而是出去买菜了，打算炖点鸡汤好好给她补一补。

　　等到妈妈回来的时候，小微已经不在家了，于是妈妈帮她清理起房间来。妈妈先是将被子叠好，然后打扫了家具和地面，最后推开了卫生间的门，一股冷风猛地灌进来，她心想这孩子也太粗心了，怎么不关窗户，当她把窗户关上的时候，隐隐地闻到了空气中有一股香烟味，她低头看了看垃圾桶，里面果然有几个烟头。妈妈一下明白了，这孩子居然学会抽烟了。

妈妈虽然很生气，但她还是很快冷静了下来。等到晚上小微回来，妈妈特意走近女儿闻了一下，果然闻到她身上有一股淡淡的烟草味。妈妈问道："小微，你是不是抽烟了？"小微稍微怔了一下，然后大方地承认了，说她们宿舍有好几个同学抽烟，她也就随大流了，不然会和舍友有隔阂的。

妈妈又问道："那你知道抽烟对身体危害很大吗？"小微满不在乎地说："知道。"妈妈生气地反问道："既然知道，那为什么还要抽？"小微说："吸烟有害健康人人都知道，但是又有几个人真得病了呢？"妈妈怒不可遏，吼道："怎么没有？你爷爷不就是？当年你还不满1周岁，你爷爷就得肺癌死了，他抽了一辈子烟，当时拍片子，整个肺都是黑的！"妈妈停顿了一下，又接着说道："既然那些舍友都抽烟，那你就离她们远远的，明知道是错误的行为，为什么还要学呢？"

小微见妈妈态度如此坚决，只得向妈妈保证，自己一定会把烟戒掉。

像小微这样的孩子，一开始的时候，可能在各种因素的诱导下犯了原则性的错误，但是当他们真正意识到错误的时候，他们会马上去改正。俗话说得好，"知错能改，善莫大焉"，当孩子犯了错误时，父母要及时让孩子知道他们做错了，在此基础上再和孩子好好沟通，帮助孩子纠正错误，改掉坏习惯。

5. 掌握随机应变的能力

应变能力是指一个人在遇到紧急问题时快速处理问题的能力，这种能力表现在学习中，就是对知识举一反三的能力，表现在生活中就是临场应变的能力。让孩子掌握这种能力，对他们的学习和生活非常重要。

生活中，如果孩子的随机应变能力较弱，那么他们但凡遇到一点儿事情，就会慌慌张张，不知所措，这样的孩子在成长过程中会遇到更多的问题。因此，父母平时要尽可能多寻找或创造机会锻炼孩子的应变能力，这对他们的成长和发展大有裨益。

小美从小就是爸爸妈妈眼中的乖乖女：聪明乖巧、品学兼优。但是她也有一个致命的弱点，那就是随机应变的能力太差，每当她遇到突发事件时，她就会惊慌失措、手忙脚乱，把自己搞得焦头烂额。

有一次，妈妈带小美去参加舞蹈比赛。一开始的时候，小美表现得很好，但是当评委老师让她跳一段之前没有跳过的舞蹈时，她一下子便慌了，她不知道该怎么跳，也不知道该怎么跟评委说，只是傻傻地愣在那里。比赛结果可想而知，她没有拿到好名次。

还有一次，小美和朋友一起玩儿，其间一个小朋友不小心将手划破了，鲜血从伤口冒出来。小美顿时吓得大惊失色，愣在那里不知所措，而另一个小朋友则一边高喊着："来人啊，有人受伤了。"一边带着受伤的小朋友往楼下诊所走。小美妈妈对比了自家孩子和别人家孩子在面对这些突发事故时的反应，发现自家孩子的应变能力的确很差。

　　而小美之所以会变成这样，是因为在她成长过程中，爸爸妈妈一直教育她要听话，结果导致小美慢慢失去了自我判断的能力，除了执行爸爸妈妈的要求，她几乎很少对事物做出自己的判断，这也在无形中剥夺了她随机应变的能力的培养。当发生紧急情况时，她只能被动地接受事情的发展，而不知道如何通过自己的努力来主导事情发展的走向。这对小美的成长是极为不利的，如果小美一直这样下去，那么她最终很可能会成为一个死板、缺少主见的人。

在孩子的成长过程中，父母无法预料孩子会遇到什么，不遇到什么，也不能将孩子限定在一个框子里，让孩子按部就班地生活。生活中意外随时可能发生，挑战随时可能降临，面对这些不确定因素时，孩子能否迅速正确地应对，直接反映着孩子的情商和能力如何。父母只有从小培养孩子随机应变的能力，孩子才能在面对意外和挑战时应对自如。

点点是个聪明伶俐的孩子，他勤奋好学、能说会道、多才多艺，无论是在亲朋好友面前，还是在陌生场合，他都能获得大家的喜爱。

有一次，学校组织一场大型演讲比赛，点点也报名参加了。在台下时，他做了充足的准备，他觉得自己一定能获奖。

终于到了比赛的时刻，点点信心十足、雄赳赳气昂昂地走上了讲台。不料，当他开口说话的时候，话筒居然没有发出声音，这明显是话筒出了故障。按照孩子们正常的反应，通常都是暂停自己的演讲，然后跑下去找负责的老师先解决话筒的问题。

但是点点觉得这样做的话，会影响自己比赛的效果。所以他没有停止自己的演讲，而是用自己的语言调动场下听众的情绪，让他们为自己加油鼓劲儿，烘托气氛。而负责音响设备的老师在发现话筒出现问题后，也第一时间修好了设备，此时场上气氛也烘托得恰到好处，点点趁着这种气氛继续自己的演讲，结果台下的听众反响强烈，点点的演讲非常成功。

点点能在现场出现状况时取得演讲的成功，他随机应变的能力功不可没。评委老师们在评分的时候，给点点打出了全场最高分数，这不仅得益于点点在演讲节奏和声调上控制得好，更得益于他临场应变的能力。

应变能力反映了孩子的机智程度和理性处理问题的能力，就像故事中的点点，当遭遇突发情况时，依旧能够保持从容、笃定、自信，这是很多孩子都比较欠缺的能力。所以，父母在锻炼孩子的随机应变能力方面要多下些功夫、多费些心思，这样孩子在面对各种突发状况时才能自信、自如地应对。

6. 舍得放弃才能拥有更多

人是一种不太容易满足的动物，想拥有的东西实在太多，而且拥有之后就不愿再放弃。殊不知，拥有的时候，也许意味着另一种失去；放弃的时候，常常意味着另一种拥有。所以当我们遇到各种各样的选择与诱惑时，应该学会有选择地放弃，因为放弃一些才会拥有更多。父母平时在教育孩子时，一定要将这个道理灌输给孩子，让孩子明白舍得放弃才能拥有更多。

小明是个5岁的小男孩儿，一次去超市，小明缠着爸爸给他买一瓶糖吃，爸爸拗不过他，只好同意了，但是告诉他每天只能吃一次糖。

回到家后，小明迫不及待地要吃糖，爸爸便让他自己去瓶子里拿，并且特意叮嘱说："记住，每天只能吃一次，吃多了牙会疼。"

小明高高兴兴地打开瓶子拿糖，但是一看到令他垂涎欲滴的糖，他立刻把爸爸的叮嘱抛到九霄云外了，他用胖乎乎的小手抓了满满一把糖，可是正当他兴奋地准备往外抽手时，因为糖拿得太多了，他的手被卡在了瓶口，无论他怎么使劲儿，他的手就是出不来，他急得满头大汗，心中叫苦不迭。这时候，爸爸走了过来，告诉他："只要你把手里的糖放掉一些，你的手就能从瓶子里出来了。"

可是小明为了一次多吃一些糖，一颗糖也不愿意放掉，任凭小手卡得通红。挣扎了好大一会儿，小明还是无法把手从瓶子里抽出来，更别说取出那么多糖了。最后实在没办法了，小明只得松手丢掉一半的糖，这才成功把手从瓶子里拿了出来。

看着小明好不容易把手抽出来，爸爸语重心长地对他说："儿子，通过这件事，你是否明白了什么呢？你看，当你不愿意放弃任何一颗糖的时候，你连一颗糖都无法拥有，而且差点把手也失去了！可是当你放弃一部分的时候，你这次拥有了这么多，下次还可以再去拿这么多。"

生活中的许多事情就像故事中的小明取糖一样，当我们拼命想去拥有一些东西时，不但得不到，反而会失去更多，甚至作茧自缚，把自己也困在其中；可是当我们放弃一些时，反而会拥有更多。相信大家一定听过抓沙子的故事，你的手抓得越紧，沙子漏得越快，如果你抓得松一点儿，那最终留在手里的沙子反而越多。

朵朵是个爱跳舞、爱唱歌的女孩儿，爸爸妈妈为了发展她的兴趣和特长，特意为她报了舞蹈兴趣班，因为是自己的所爱，所以无论刮风下雨，朵朵都没有缺席过。

一天，妈妈像往常一样送朵朵去上舞蹈课。一路上，朵朵不停地唱着小曲，正当朵朵高兴得手舞足蹈的时候，妈妈突然停了车，原来是一位姑娘招手拦车，她说她和爷爷进城来卖东西，爷爷突然病倒了，希望朵朵和妈妈能帮帮他们。

妈妈对朵朵说："朵朵，这位爷爷生病了，需要我们帮助，如果我们送爷爷去医院的话，就会赶不上舞蹈课；可是如果我们去上

舞蹈课的话，爷爷的病得不到及时治疗就会更严重，甚至会有生命危险。朵朵，你说我们该怎么选择呀？"

朵朵不假思索地说道："妈妈，我觉得我们还是先送爷爷去医院吧，我今天不去上舞蹈课了，送爷爷到医院后，您帮我向老师请个假。"

因为送医及时，那位爷爷的病得到了很好的治疗，很快稳定住了病情，小姑娘一边哭，一边感谢小朵母女提供的帮助。不一会儿，小姑娘的父母赶过来了，他们对小朵母女千恩万谢，并且拿出钱要给朵朵，妈妈和朵朵果断拒绝了。看着那位爷爷没事了，家人也来了，朵朵和妈妈就离开了。

回家的路上，妈妈一直夸朵朵懂事。朵朵说："妈妈，虽然我今天没有上我心爱的舞蹈课，但是我很开心，因为我的放弃，拯救了一位老爷爷的生命，同时我也获得了不一样的幸福。"

人生就是这样，放弃也是一种拥有，你在这一刻放弃一样东西，下一刻就会拥有另一样东西。当我们放弃一棵小草时，便会拥有整片森林；当我们放弃一条小溪时，便会拥有整个汪洋大海。

很多时候，学会放弃才会拥有更多。当孩子懂得这个道理后，他们在遇到事情时，就能理性地看待，明白舍与得之间的微妙关系，不会因一味地争强好胜而一条路走到黑，当他们懂得放弃的时候，他们也就会赢得更精彩的未来。

第六章

快乐自信，高情商的孩子乐观向上

孩子在生活中快乐自信，积极向上，是所有父母都衷心期望的。为了让孩子拥有这样的生活态度，父母从小就要积极引导和教育孩子，让他们怀着快乐自信的心态面对学习和生活。当孩子拥有快乐自信的心态时，即使他们面前困难重重、问题多多，他们也不会畏惧和沮丧，而是会积极想办法去克服困难、解决问题，将自己的潜能全部激发出来，成为最优秀的自己。

1. 乐观的孩子更自信

我们在生活中经常会见到一些孩子，他们的眼中没有孩子本该有的阳光、乐观、积极、自信，反而充满悲观、消极、自卑、胆怯。如果就这样发展下去，可以想见，他们未来的生活、学习和工作将会一团糟。这是所有父母都不愿看到的结果。

为了不让孩子变成这样，父母在孩子小时候就要注意培养孩子乐观自信的生活态度，让孩子懂得，很多客观条件是我们无法控制的，我们能控制的只有我们面对问题时的态度，而只有乐观自信的态度，才能对我们解决问题产生积极有利的帮助。

洋洋今年读四年级，他是班里的班长，在同学们中间很有号召力，每次班里有什么活动时，只要洋洋一动员，同学们都能跟着他干得很起劲儿。每次学校组织文体活动，如拔河比赛、团体操比赛、六一文艺会演、朗读比赛、算数比赛等，在洋洋的带领下，同学们总能取得好成绩。老师也非常喜欢洋洋这个得力的小助手，有了他的努力和认真负责，老师管理班级省了很多事。

但是很多人不知道，洋洋之前可不是这样的。只有爸爸妈妈知道，洋洋之所以变得这么优秀能干，是因为他们付出了很多辛苦，洋洋自己也付出了很多努力。

　　洋洋小时候很自卑，他觉得自己没有这个小朋友聪明，没有那个小朋友好看，每当有叔叔阿姨跟他说话的时候，他总是躲在爸爸妈妈身后，不敢与人交流。别人见洋洋这样，只说这孩子乖巧、听话，让爸爸妈妈省心。只有爸爸妈妈心急如焚，觉得孩子再这样下去，必定对他的成长极为不利。

　　所以在洋洋的成长过程中，爸爸妈妈开始刻意鼓励洋洋，积极寻找洋洋身上的优点进行夸赞，让他慢慢建立自信心。爸爸妈妈还告诉洋洋，从他出生的那一刻起，他就是这个世界上独一无二的，他不比别人差什么，要乐观积极地面对生活，活出精彩的自己。

在爸爸妈妈的熏陶和引导下，洋洋渐渐消除了自卑，自信心一点点增强，他不再害怕跟陌生人交流，和小朋友玩的时候也变得勇敢大方起来，而且当小朋友遇到困难时，他还能积极想办法帮他们解决。

上了小学以后，洋洋乐观自信的优势开始显露出来，老师逐渐发现了洋洋的优点，所以让洋洋当了班长，而洋洋也没有让老师失望，整个班级在洋洋的带领下朝气蓬勃，成为年级里最活跃、最耀眼的班级。

一位心理学家曾说过："幸运的人一生都在被童年治愈，不幸的人一生都在治愈童年。"这句话说得非常有道理。父母一定要在孩子小时候就努力培养孩子乐观的生活态度，让他们从小拥有良好的心态，在成长过程中不断完善自己，这样等他们独自踏上人生旅途的时候，他们才能自信地面对所遇到的各种难题，轻松地化解各种困难。

小芬是一个乐观自信、品学兼优的女孩儿。在一次英语演讲比赛中，小芬作为参赛选手站在讲台上不急不缓、抑扬顿挫地说着流利的英语，大方得体的台风赢得了台下观众和评委热烈的掌声，大家都对小芬的优异表现羡慕不已。

小芬的父母也坐在观众席中，很多父母看到小芬如此优秀，纷纷过来与小芬的父母寒暄，向他们讨教育儿经验。小芬的父母告诉他们，在小芬很小的时候，他们便帮她进行英语启蒙，还将她送去了英语角，在那里和外教老师进行实战化口语训练，而且在很多事情上，他们都会询问小芬的意见，让她积极参与事情的决策、方案的抉择，学英语也是她自己的意愿，所以他们才给她做了如上安排。

当然，小芬在语言方面也算有一定的天分，她经过几年的学习，不但可以上台演讲，还可以流利地与人对话。有一次，一部电影里需要一个会说英语的小女孩儿，小芬有些犹豫要不要去报名，但是父母鼓励她勇敢、自信地去试一试。没想到，小芬一开口，立刻征服了面试官，当场便被录取了。那次录音非常辛苦，也非常具有挑战性，不但要将英语台词背得滚瓜烂熟，还要把握好角色的情感，但是小芬最终出色地完成了任务。

小芬的父母说，在孩子还小的时候，让她熟练掌握一门才艺，有助于培养她乐观的性格，她整个人也会因此变得更加自信。

一旦孩子的价值被肯定，他们就会变得更坚定，更踏实，更有力量，而这种力量便是强大的自信心。拥有自信心的孩子不是天生的，而是父母后天培养出来的。

父母要在孩子很小的时候，就给予他们足够的关爱，让他们的内心丰盈，不会敏感、自卑、裹足不前，让他们拥有积极的生活态度，这样他们才能乐观自信地去面对人生道路上的风风雨雨。

2. 乐观的孩子更快乐

乐观开朗的孩子，心理状态往往是健康、积极、快乐的，这样的孩子很容易获得大家的青睐和欢迎，因为他们的负面情绪较少，不仅自己活得快乐，而且能把快乐传递给周围的人。

父母都希望自己的孩子是乐观、快乐的，但是在现实生活中，很多孩子常常会因一些这样或那样的问题而变得不乐观、不快乐。这时候，父母要及时对孩子进行引导，把孩子重新带回乐观、快乐的轨道上。

小乐自从上了三年级，发现作业越来越多了，而且还得坚持每天阅读。寒假到了，妈妈想利用这个假期好好给小乐充充电，于是帮他报了数学辅导班、英语培训班和绘画兴趣班。

面对妈妈自作主张的安排，小乐非常不满："我的作业已经够多了，你怎么还给我报这么多课外班？"妈妈说道："我看你们同学大部分都报了英语培训班，其他同学都在学，你不学的话，就会落后于人。""那数学辅导班呢？""那不是为了让你提高一下数学成绩吗？你看你们班里那么多考100分的，而你每次考试都是80多分，你不得提高一下吗？"小乐很无奈，无精打采地说道："那绘画班呢？"妈妈理所当然地说："你现在这个年纪，难道不该有一门拿得出手的特长吗？"

小乐彻底无语了，他觉得自己的生活很悲惨，毫无快乐可言。

小乐原本是一个爱唱爱跳的孩子，但是在妈妈的催促和安排下，他童年的快乐被一点点地剥夺了。爸爸觉得不该把孩子逼得这样紧，于是建议妈妈给孩子一些自己的空间，但是妈妈却说，如果孩子现在贪图安逸，将来就会有很多苦头等着他吃。爸爸则告诉妈妈，孩子的成长应该遵循规律，现在的辅导班大都属于超前教育，这样会消磨孩子的积极性，不利于培养孩子学习的主动性，对孩子的身心健康也会有负面影响。

最终，在爸爸的劝说下，妈妈将数学和英语班取消了，只留下了一个小乐感兴趣的绘画班。渐渐地，小乐脸上的笑容又多了起来。

故事中小乐的课业压力本来就已经够大了，但是妈妈又给他报了那么多辅导班，这让他失去了很多童年的快乐，甚至可能影响到他身心的健康成长。

大部分父母都喜欢过分插手孩子的学习，希望通过孩子来弥补自己的缺憾，让孩子长大后不再吃自己吃过的苦，其实这样做不但对孩子的学习起不到积极的作用，反而会让孩子失去学习的快乐，让孩子整天郁郁寡欢、闷闷不乐，陷入恶性循环。

小安是一个乐观开朗的女孩儿，但凡和她有过接触的人，都会被她身上的乐观所感染。

　　一次，学校组织模拟考试，小安他们班的成绩普遍都不高，同学们都很沮丧，小安的同桌甚至在偷偷抹眼泪，但是小安却和往常一样，该干吗干吗，一副没心没肺的样子，似乎完全没有被这次考试所影响。同桌很不解，于是问小安："这次考试成绩这么差，你怎么还能这么快乐？"小安说："考试成绩已经无法改变，我即使再难过也是无济于事了，我现在能做的就是调整好自己的状态，重新投入学习，希望下次考出好成绩！"

　　听了小安的回答，同桌觉得很有道理，也很想像小安那么乐观、豁达，但是她多愁善感的性格却让她怎么都乐观不起来，于是她去问小安，是怎么做到如此乐观、豁达的。

小安说："我的爸爸妈妈都是十分乐观、豁达的人，我很小的时候就发现他们每天都开开心心的，似乎没有什么难题能让他们悲观、绝望，无论面对什么样的困境，他们都能云淡风轻地解决。而且，他们从来不拿我和其他孩子做比较，更不会粗暴地斥责我，在他们的言传身教下，我才逐渐养成了现在这样的性格。"

听了小安的话，同桌羡慕不已，如果自己的爸爸妈妈也能这样教育自己就好了，可惜他们每天只会不停地催促自己读书、写作业。

乐观是一种生活态度，乐观的孩子更豁达、更坚韧，他们不会被困难和挫折击倒，哪怕他们深陷泥沼，也会重新站起来；哪怕他们十分悲伤，也会让自己尽快走出来。这样的孩子在学习和将来的工作中更容易取得成功。所以父母对培养孩子乐观的生活态度要格外重视起来，争取让孩子成为一个快乐、豁达、坚韧的人。

3. 乐观的孩子更坚强

孩子本应该是朝气蓬勃的，但是现在的孩子被各种压力折磨得精疲力尽、气喘吁吁，甚至很多孩子不堪重负，陷入无尽的痛苦中。孩子其实很脆弱，他们需要父母的正确引导，以克服眼前的困境。

当孩子学习或做事出现问题或差错时，他们可能要面对父母的责骂、老师的批评，这让他们烦恼不已。当孩子自己找不到解决之法，而父母又不能理解孩子，对孩子进行及时疏导时，孩子身上存在的各种问题就会显现出来。而解决这一问题的最好方法，就是试着让孩子变得乐观起来，不要被眼前的困难吓倒。父母要做孩子的同路人，多鼓励和引导他们，做他们坚强的后盾。

　　小睿是个7岁的小男孩儿，他非常聪明、乖巧，但是性格有些软弱，遇到不顺心的事就会号啕大哭，给人感觉就像瓷娃娃一样，稍微有一点儿风吹草动，就可能把他吹倒摔碎。

　　一次，小睿跟姐姐下五子棋，在经过一番激烈的较量后，姐姐最终获得了胜利。小睿一看自己输了，生气地把棋盘打落在地，然后便躺在地上打起滚来。姐姐见状大惑不解，忙问他这是怎么了，但小睿就是不说，再问他就哇哇哭起来。姐姐很无奈，觉得自己不应该跟弟弟下棋，好好的娱乐对弈最终落得不欢而散。

　　还有一次，学校布置了家庭作业。小睿先将作业本上的作业完成了，然后妈妈要给他录视频作业，其间小睿发音不准，妈妈便给他纠正了一下，谁知这下可闯了祸，小睿不但"罢工"不录了，而且委屈地哭了起来，不管妈妈怎么安慰怎么哄，小睿就是哭个不停。

　　小睿妈妈对小睿爸爸说："小睿这孩子也太脆弱了，遇到一点儿不顺心的事就哭，一点儿也不像个男孩子。我们得想想办法，让他逐渐变得坚强起来。"

　　孩子不可能一直生活在父母的羽翼下，他们在未来的人生路上，需要独自去面对很多困难和问题，如果他们不够坚强，他们就无法克服这些困难、解决这些问题。所以父母从孩子小时候起，就要注重培养孩子坚强的性格，培养他们独自解决问题的能力，教会他们以阳光的心态去面对生活中的困难。

小米今年读初三了，最近学校进行了一场模拟考试，她的数学没有及格，爸爸妈妈得知她的成绩后，狠狠地批评了她一顿。

周末，妈妈带着小米回姥姥家。闲聊之际，大家把话题转向了孩子的学习成绩，只听小米的舅妈说道："我侄子中考成绩很不错，考上了县里的重点高中。"说完，她把头转向了小米，问道："对了，咱们小米模拟考试考得怎样啊？"小米妈妈说道："她啊，没考好，数学不及格，快把我愁死了！"

接下来，小米陷入了一堆看似好心的安慰当中，"没事儿，还有时间，我们可以找个家教补补课，成绩一定能上来的。""对啊，对啊，我认识一个很好的补习老师，一会儿我把她的微信推给你。""小米，很快就要中考了，你再辛苦几个月，到时候你考上了好高中，姥姥就给你买你一直喜欢的电子手表。""小米，你放心，像你这么聪明的孩子，不就是个数学吗？能有多难？"……

小米听着亲戚们你一言我一语，感觉好像一句句嘲讽直刺自己的心窝，她没有给大家任何回应，转头便跑了出去。大家这才意识到，他们刚刚说那些话，无异于给孩子的伤口上撒盐，于是都催促小米妈妈赶紧跟出去看看。

小米妈妈追了出去，对小米说道："你这孩子，跑什么啊？你考试没考好，我还不能说了？再说了，他们也不是外人，说的那些还不是为了你好啊！"小米抽泣着说："你把我的成绩当众拿出来说，征求我的意见了吗？我都这么大了，难道不要脸面啊？"小米妈妈不以为然地说："嗨，你这孩子，年纪不大，自尊心还挺强啊！"小米生气地说："是啊！你难道不知道不能当众揭短的道理吗？考试考得不好，这个就是我的短。"

小米妈妈当众将小米的成绩拿出来讨论，这严重伤害了孩子的自尊心。孩子的自尊心有时候很脆弱，父母要学会尊重自己的孩子，不然，孩子将来可能会变成一个敏感懦弱的孩子，这是所有父母都不期望看到的。

父母都希望自己的孩子阳光、坚强，但是这种性格不是与生俱来的，也不是短期内可以养成的，这需要父母在平时的生活中对孩子进行一点一滴的教育和引导，让他们逐渐变得勇敢、坚强。

4.乐观的孩子执行力更强

说起执行力，很多人首先想到的是我们的工作，觉得只有在工作过程中才会体现出执行力的重要性。其实这种想法有些片面了。在教育孩子的过程中，培养孩子强大的执行力同样非常重要。

执行力强是情商高的一种体现，拥有强大执行力的孩子更容易获得成功。因为具备强大执行力的孩子往往具备乐观的生活态度，他们在面对困难时，能以乐观的态度积极应对，不会因各种主客观因素而懈怠，能按照既定的计划稳步地前进，最终达成自己的目标。

小玲是个执行力很强的小姑娘，她说今天要做一个陶艺，就一定要做出来；她说明天要画一幅风景画，就一定要画出来；她说三天要拼完一套拼图，就一定要拼完才行。

一天，小玲妈妈在家休息，因为天气太热了，她便随口说道："这么热的天，要是来一杯冰镇果汁就好了。"小玲听到妈妈的话，噔噔噔地跑到厨房，从冰箱里取出一串儿葡萄，洗干净后一颗颗摘下来，将葡萄去籽去皮，然后放入榨汁机里。很快，一杯美味的冰镇葡萄汁就做好了。喝着女儿亲手做的葡萄汁，妈妈既感动，又有些不好意思地说，是女儿将自己的想法变成了现实。

还有一次放暑假，老师布置了一项劳动实践的作业。爸爸妈妈带着小玲回到远在农村的奶奶家。下车后，小玲看到奶奶家的院子里种了各种各样的蔬菜，奶奶正在忙着打花头、除草、除虫。看到奶奶在劳动，小玲顾不得进屋休息，就跟奶奶一起干起活儿来。妈妈拿手机拍下小玲辛勤劳动的瞬间，照片拍好后，妈妈叫小玲赶快洗手进屋，小玲却扬起灿烂的笑脸，说："妈妈，我要再跟奶奶干会儿活儿，老师让我们认真体验劳动的辛苦和乐趣呢。"奶奶见小玲满头大汗，于是说："天气热起来了，咱们先回屋做饭吃饭，等傍晚天凉快了再干。"听奶奶这样说，小玲才放下手中的活儿，跟奶奶、爸爸、妈妈一起回屋了。

小玲的执行力强在邻里之间是出了名的，大家都询问小玲妈妈是怎么教育小玲的，妈妈很自豪地跟大家分享自己的教育经验："我们家小玲，最大的优点就是乐观，不管遇到什么事情，她都能积极乐观地面对。这种乐观的心态让她总能保持很强的执行力，所以她做事从不拖拉，总能按时、出色地完成自己要做的事情。"

执行力对孩子的生活和学习十分重要，但并不是每一个孩子都能严格执行自己的既定计划。很多时候，影响执行力强弱的最大因素是孩子的心态，当孩子内心想去做某件事时，他们就能坚定地去执行自己的计划；反之，当他们内心不想去做某件事时，他们的执行力就会很差。

　　小宁今年读三年级了，他的学习成绩除了语文不太理想，其他各科都还可以。小宁妈妈觉得，小宁应该好好补习一下语文，因为语文是其他各科的基础，语文学不好，将来势必影响其他各科的成绩。于是，小宁妈妈为小宁制订了一个暑期语文学习计划。

　　这个计划大致是这样的：每天早上背诵一些古诗词和课文；每天上午花1小时写生字、词汇；晚上阅读一些辅导读物，除了学校要求买的辅导读物，还有一些适合青少年阅读的名著。

　　小宁妈妈对执行这个暑期学习计划很积极，但是小宁态度很消极，他本来就不是一个积极乐观的孩子，面对妈妈给自己制订的计划，他看到的不是妈妈督促自己学习，给自己动力，而是放假了还不能好好休息、好好玩耍，放假跟上学没什么区别。因此，对于妈妈的学习计划，他是一万个不乐意，从内心深处不想执行。

故事中的小宁妈妈最应该做的是培养小宁对学习的兴趣，让他对语文产生学习的兴趣，而不是自己想当然地为孩子制订学习计划，逼迫孩子去学习，这样不但会扼杀孩子的学习兴趣，久而久之，还可能让孩子变得消沉、孤僻，影响孩子的健康成长。

执行力强的孩子面对事情时会主动去做，面对困难时会积极地去解决；执行力差的孩子则恰恰相反。乐观的孩子往往执行力更强，因此，父母想要提升孩子的执行力，首先就要培养孩子乐观的心态，只有孩子具备了乐观的心态，他们内心才会主动去面对问题、解决问题。

5. 乐观但不能盲目乐观

父母都希望自己的孩子是个乐观的人，这样他们便能以最好的心态去面对各种困难和问题。但是有些时候，孩子如果乐观得过了头，就会让事情走向歧途。比如，考试没考好时不从自身找原因，反而归咎于客观原因；有时候明明是自己做错了却反而归咎于别人；还有时候觉得自己天下无敌，所有人都应该围着自己转；等等。上面这些盲目乐观的情形都不利于孩子良好性格的塑造，也不利于孩子社会情商的提高。

小林是学校足球队的主力前锋，在前段时间举行的全市小学生足球锦标赛中，小林所在的球队一路过关斩将，最终登上了冠军的宝座，而小林也凭借优异的表现赢得了最佳射手的称号。

回到学校后，小林受到同学们的热烈追捧，大家觉得小林是他们心目中最厉害的球星，就连老师和校长都对小林赞不绝口。

面对大家的追捧和赞誉，小林并没有被冲昏头脑，更没有盲目骄傲，而是保持着难得的清醒。他很清楚，他们球队以及他自己在这次比赛中的确表现不错，但是也要看到，在决赛中对方的主力前锋因为受伤没有上场，这让对方的实力大打折扣，如若不然，决赛谁输谁赢还真不好说。

另外，小林他们球队三条线实力都很强，自己之所以能踢进那么多球，离不开队友们的默契配合和精彩助攻。

因此，在写比赛总结时，小林将自己这些感悟都写进了总结中。球队老师看了小林的总结后，感叹小林这孩子真是不错，乐观向上又不失客观冷静，在取得成绩时没有盲目地乐观，这样的孩子前途不可限量。

父母要注意培养孩子乐观的心态，但是也要谨防孩子因盲目乐观而走上歧途。所以父母平时在教育孩子时不但要鼓励孩子，帮助他们建立自信心和乐观心态，同时还要适时适当地给孩子泼一些冷水，让他们时刻保持清醒的头脑，让他们不致养成盲目乐观的心态。如果放任孩子养成盲目乐观的心态，那他们终将在成长的道路上付出代价。

小方是个乐观的孩子，但有时也会乐观得过了头。

　　学校组织了一次科技大赛，小方和小组成员奋战了好几个星期，制作了一台轮船模型，他们觉得自己一定能获得第一名，但是最终只拿到了第二名。对于这个比赛结果，小方很不满，也很不解，他觉得和其他同类型的模型相比，他们的模型既有创意又有实用性，凭什么自己只能拿第二名呢？

　　颁布完获奖名单后，评委老师阐述了评奖依据："制作轮船模型的参赛小组，你们的模型做得很好，但是你们没有在轮船里放上一个救生艇，你们能保证这艘轮船不会出什么意外吗？到时候一旦出现什么不可控的情况，你们让那些漂在茫茫大海上的人怎么获救？"

小方觉得评委老师说得有一定的道理，但他还是固执地说道："老师，我们的轮船一定不会沉没的。"老师问道："你凭什么来保证呢？任何事都有万一，我们必须在各方面做好预防，这样才能确保万无一失。一个人乐观自信是好事，但是不能盲目自信啊。"

听了评委老师的话，小方陷入了沉思中，自己真的是盲目乐观吗？最近爸爸妈妈也常说他有些盲目乐观了，比如他上次喂金鱼的时候，就因为他过分相信自己有把握，所以多撒了一把鱼食，结果那些金鱼都被撑死了，成了他盲目自信的牺牲品；再比如上次做作业，他觉得自己做得没有任何错误，并且很自信地交了上去，结果却错了好几道题。

经过反思，小方觉得自己的确有些盲目乐观了，要想取得更大的进步，必须得改一改这个毛病了。

父母在教会孩子乐观的同时，也要注意莫让他们盲目乐观，避免他们由于过度乐观在错误的道路上越走越远。

父母在引导和教育孩子时，要着重做好以下几点：教会孩子脚踏实地，做自己力所能及的事情；教会孩子理性看待生活中的一切，正确评估自己的优势和劣势；让孩子正视本身的问题，客观地评价自己。做好以上几点，孩子才能有更稳定、更长远的进步，才会成长为一个充满理智的乐观达人。

6. 乐观的心态需要培养

乐观是一种智慧，是一种生活态度，乐观的人总能给人一种积极、上进的感觉，让人觉得充满了正能量。

当遇到困难时，乐观的孩子会秉持自信，相信终有阴霾散尽时；当被辜负时，乐观的孩子会好好收拾心情，武装自己重新上路。但乐观心态不是与生俱来的，它需要父母在平时的生活中一点一滴地去引导孩子、培养孩子。

小禾从小就非常喜欢花样轮滑运动，她花了很多时间和精力来提升自己的轮滑技术。她梦想着有一天能在专业比赛中获得冠军，赢得的荣誉。但是天有不测风云，在一次训练中，小禾不小心摔倒了，伤了腿，老师和同学赶紧将她送到医院。经过手术治疗，小禾的腿康复了，但是医生告诉她，她以后不能再参加花样轮滑这项运动了，否则很容易旧伤复发。听到这个消息后，小禾悲伤了好几天，她觉得自己的未来失去了颜色，自己的人生失去了光彩。

在后来的日子里，妈妈带着小禾到野外感受大自然的美好，陪她做喜欢做的事情，不断鼓励她要保持乐观的心态，只要拥有乐观的心态，就有很多事情值得她去尝试、去努力。在妈妈的鼓励下，小禾的心态慢慢发生了变化，她不再沉浸于无法参加轮滑运动的失落和遗憾中，而是逐渐放开心态，将精力放到了学业中。

经过几年的不懈努力，小禾以优异的成绩考上了传媒大学。毕业以后，她成为当地一家电视台的体育记者。这一年，市里要举办一场世界级的花样轮滑比赛，小禾当场请缨，要去比赛现场负责采访报道。以她的资历原本是不够资格的，但是她曾经的专业功底以及她的积极态度打动了领导，她如愿成了一名现场记者。

当小禾在赛场上采访获奖选手的时候，她感觉自己又回到了从前练习花样轮滑的日子，从前与现在的场景交织，她也算是实现了从前的梦想吧。如果当初自己心灰意冷、一蹶不振，恐怕也不会有今天在事业上的成功。

故事中的小禾在妈妈的陪伴和鼓励下，心态由悲观转为乐观，所以她没有被意外打倒，她的生活由此转换了赛道，并在这一新的赛道上创造了精彩和辉煌。假如她当时一蹶不振，自此消沉下去，她的生活或许就是另一番模样了吧。因此，父母应当从小就培养孩子乐观的心态，让他们以足够的能量去面对生活中的困难和挫折。

小苗今年读初二了，她是一个清秀可爱、品学兼优的女孩儿，深受老师和同学的喜欢。

一天，小苗担任值日生，她刚刚把教室的地板拖了一遍，隔壁班的一个男生就走了进来，在讲桌里拿了几根粉笔就往外走。看着地板上留下的那一行泥脚印，小苗拦住了他，说："你难道没看

到我正在拖地吗？”那个男生说道：“我看到了啊！”小苗生气地说：“你不知道尊重别人的劳动成果吗？难道你在家里也这样吗？”那个男生说道：“是啊，我在家里也这样，我爸妈从来没有说我这样有什么不对！”

面对男生理所当然、不可理喻的言论，小苗不知道该说些什么了，她很想狠狠地教训他一顿，但是她忍住了，她不想跟一个没素质、缺教养、不讲理的男生计较，不能因对方的没素质而拉低自己的素质。

于是，小苗摆摆手，让对方赶紧离开，然后又回过头，把刚才踩脏的地面又拖了一遍，看着干净整洁的地板，小苗满意地笑了。

乐观的心态需要培养，父母要告诉孩子，当你遇到问题时，不要被消极情绪所主宰，尽量不要去想那些灰暗、糟糕的事情，更不要陷入不良情绪中无法自拔，而要始终保持乐观的心态，不断提高自己的修养，让自己成为一个优秀的人。当孩子拥有了乐观的心态之后，就能游刃有余地应对遇到的问题了。

第七章

掌控自如，高情商的孩子情绪稳定

　　生活中有很多优秀的孩子，他们不仅能很好地照顾自己和身边的人，而且在遇到问题时，能够积极地寻找解决的方法。这些孩子通常都懂得控制和调整自己的情绪，也不会被别人的情绪所左右，同时还能敏锐地捕捉对方的情绪，找出应对方法。他们会用自己的正向情绪去感染别人，带动氛围，获得理想的结果。因此，父母要从孩子小时候起就注重培养孩子保持情绪稳定的能力。

1. 懂得控制自己的情绪

所谓情绪，就是人们常说的七情六欲中的七情，即喜、怒、哀、惧、爱、恶、欲。这些情绪不止大人会有，孩子也会有，他们高兴时会开心地笑，生气时会大吼大叫、满地打滚，哀伤时会落下眼泪，害怕时会躲在角落里瑟瑟发抖，喜爱时会由衷地赞美，讨厌时会离得远远的，想要时会迫不及待。

上述这些情绪有正面的有负面的，有正常的有非正常的。对于其中的负面情绪或非正常情绪，比如孩子歇斯底里地喊叫、撒泼打滚，父母常常感到束手无策、一筹莫展。其实，这是孩子无法控制自己情绪的表现，父母一定要高度重视，在生活中引导和教育孩子如何控制好自己的情绪。

小岩是个脾气有些暴躁的孩子，常常说生气就生气，有时候情绪来了，根本就控制不住，这让他的爸爸妈妈非常头疼。

一次，妈妈带着小岩去逛夜市，那里的商品形形色色、琳琅满目，小岩简直都看花了眼，他看到什么要什么，不知不觉间，他手上已经拿了一堆好玩儿的和好吃的。当小岩来到一个卖亮光气球的摊位时，他又挪不动步了，对妈妈说："妈妈，我想要那个气球。"妈妈说道："不行，那个不能买，你没看到前几天的新闻吗？那个爆炸的氢气球就是这种，太危险了。"小岩一听不给买，立刻抹起了眼泪，可是妈妈似乎铁了心，就是不同意。小岩见哭不好使，便躺在地上打起了滚，妈妈觉得孩子躺在人来人往的大街上实在不像话，只好妥协了。

回到家后，妈妈把小岩好好教育了一通："你现在动不动就闹小情绪，爸爸妈妈可以迁就，容忍你，但是将来呢？如果你面对的是老师、同学，甚至陌生人时，人家也会迁就你、容忍你吗？"小岩不以为然地说道："为什么不可以呢？"妈妈听了很无奈，但是为了纠正孩子这种动不动就发脾气、闹情绪的毛病，她开始认真反思起自己的教育方法来。

在我们的生活中，像小岩这样的孩子有很多，他们似乎总是长不大，总是无理取闹，最终的结果就是让亲人操心，陌生人看笑话。但凡高情商的孩子，他们总能很好地控制自己的情绪，从而可以在无形中化解一场纷争，避免一些尴尬的场面出现，更能让人如沐春风，愿意和他们交往、相处。

小凝今年读高二了，她性格沉稳，为人和善，待人亲切，因此深受周围人的喜爱。

一天，班上转来一位女同学，人长得清秀漂亮，学习成绩也很好，是老师眼中的优等生。在原来的学校，这位女同学倍受老师的器重和同学的追捧，但是来到新学校后，她发现自己并不受人器重和待见，

在这里，小凝是焦点人物，同学们都喜欢围着小凝。这种巨大的落差让这位女同学无法接受，于是她想方设法找起小凝的碴儿来。

在一次体育课上，老师要求女生两两一组做仰卧起坐，但是到了那位女同学时，没有人愿意和她一组，原因是她平日太高傲了，还总是吹毛求疵，大家都不愿意和她交往。这次事件让这位女同学彻底爆发了，她径直走到小凝面前，指责小凝暗中使坏，让大家孤立自己，并且用恶毒的语言攻击小凝。同学们纷纷为小凝打抱不平，觉得这位女同学是以小人之心，度君子之腹。

面对对方的恶意攻击，小凝没有失去理智和风度，而是选择了一笑置之，不与她发生争执和冲突。

懂得控制情绪的孩子，在面对一些突发状况时，不但不会让自己的情绪陷于失控的状态，同时还会努力寻找更好的办法解决这些突发状况，这样的孩子在生活中往往更受大家的喜爱和欢迎。

因此，父母要有意识地培养孩子控制情绪的能力，告诉孩子，当事情发生后，当你心中产生了悲伤、忧愁、恐惧或愤怒等情绪时，尽量不要在第一时间做出反应，而应该先做几个深呼吸，等几秒钟以后，再来选择该怎样做，相信这时候你做出的决定会更加理智，也更加正确。

2. 学会调整自己的情绪

和大人一样，孩子也会有各种负面情绪。他们每天会有很多烦心事：跟小朋友闹矛盾了；作业写得不对挨老师批评了；考试考得不好被父母骂了……如果孩子不能很好地控制和调整这些负面情绪，让它们一直郁积在自己心中，就会对自己的学习和生活造成严重的影响。所以父母一定要教会孩子调整自己的情绪，不要让负面情绪左右了孩子的学习和生活。

小爱今年读幼儿园中班，她平日里快乐、活泼，大家都很喜欢她。这天到了放学时间，妈妈从幼儿园接了小爱后，像往常一样询问她在幼儿园过得怎么样，有什么有趣的事情。这要是放在往日，小爱能叽叽喳喳说一路，但是今天小爱却没有说话。妈妈以为她刚放学，因为情绪兴奋没有听到自己说话，于是又问了她一遍，但是小爱还是没有答话。这下妈妈感觉不对劲儿了，心想：这孩子是被人欺负了，还是挨老师批评了？怎么连话都不说了呢？

回到家后，妈妈联系了小爱幼儿园的老师，老师说在幼儿园没发生什么特别的事。妈妈想再继续问问小爱，但是转念又一想，现在追问孩子不但不会有结果，反而会加重孩子心中的负担。于是妈妈索性不再问了，而是给小爱做了一桌子她爱吃的菜，吃着自己爱吃的菜肴，小爱的心情好了很多。吃完饭后，妈妈陪着小爱看起了动画片，趁着小爱心情大好，妈妈小心翼翼地问道："跟妈妈说说，今天谁惹我们小爱宝贝了？"小爱有些忸怩地说："也没有什么，就是今天去学校的时候，小亮踩到我的脚了，他没有说对不起，所以我一天都没跟他说话。"

妈妈一听是这么回事，顿时松了口气。小朋友之间的小矛盾，睡一觉也许就忘了。但是女儿因为这么点小事闹一整天的情绪，这可不是好现象，这说明女儿在负面情绪来临时不能很好地应对和调整。看来自己要好好培养和提升女儿应对负面情绪的能力了，否则会对她的健康成长产生不利影响。

父母不可能陪伴孩子一生，孩子终将要独自去面对他们的学习和生活，所以他们必须具备调节情绪的能力，做到适时地调节自己的情绪。

调节情绪的方式有很多，有的人听一听舒缓音乐就能放松，有的人去操场上跑一圈儿就什么烦恼都没有了，有的人则需要跟朋友倾诉一下才能调整好自己的情绪。每个人都可以根据自己的实际情况来选择适合自己的方式。

小英今年读初三了，由于面临着中考，她觉得压力很大，学习成绩波动得也很厉害。在最近的一次模拟考试中，她的英语成绩很不理想，为此，她心情十分沮丧，好几天晚上都睡不好觉了，因为晚上休息不够，第二天上课也没精打采的。她似乎陷入了恶性循环，并且感到一种前所未有的无力感。

这天晚上，小英又失眠了，第二天上课的时候，她感觉头昏脑胀，精神根本无法集中，整个人陷入了一种莫名的焦躁中。好不容易熬到了周末，小英回到家里，从书架上翻到一本自己以前买的武侠小说，然后坐在阳台上看了起来，在暖暖的阳光下，她看得如痴如醉、手不释卷，忘记了时间，直到妈妈做好饭喊她吃饭，她才回过神来。这时，她猛然发现自己被神奇地治愈了，她觉得全身上下无比轻松，情绪也不再那么焦躁了。于是，她开始平心静气地反思自己，分析自己哪里出了问题，哪里还需要查漏补缺，哪里还需要巩固提高。经过一番重整旗鼓，她的心里一下子就有底了。

妈妈看到她恢复了以往的精气神和斗志，高兴地说道："你从小就是这样，每当有什么不开心的事情时，只要看一看小说就好了。看你现在的状态，果然比前几天好多了。这样也挺好，既增长了知识，又提高了文学素养，还是调整情绪的一种好方法！"

学会调整自己的情绪，这对孩子来说是一件很重要的事情。一个能控制自己情绪的孩子，必然是一个高情商的孩子，而高情商是孩子保持身心健康的基础和通往精彩未来的通行证。因此，父母一定要在这方面多下功夫，让孩子学会调整自己的情绪，做情绪的主宰。

3. 能够觉察对方的情绪

　　每个人都有情绪，人除了关注自己的情绪，还应关注他人的情绪，识别他人的喜、怒、哀、乐等情绪，然后在第一时间做出反应，我们称这种能力为共情能力。

　　孩子也需要共情能力，这有助于他们处理好学习和生活中的各种人际关系；而缺乏共情能力的孩子，在社交中常常会出现各种问题或障碍。

　　小闯是个急性子，也是个直肠子，说话经常不过脑子，从来不顾及他人的感受，即使现场气氛变得很尴尬，他自己也感受不出来。

　　一次，小闯和几个同伴在操场上踢足球，一名同学将足球踢到了场外，正好砸到了一位女同学。他们自知闯了祸，纷纷跑了过去，查看女同学的情况，并向对方道歉。这位女同学坐在地上，捂着头，那个砸到她的同学小心翼翼地问道："同学，你觉得怎么样？要不我们送你去医务室吧。"那位女同学被砸蒙了，到现在还没有反应过来。直到这个同学又问了一遍，她才抬起头来，大家看到她眼角有一片瘀青，看上去伤得不轻，于是张罗着要带她去医务室，哪知这时小闯笑着说："真是太好笑了，哈哈哈……你们有没有觉得有些像熊猫眼？"

那位女同学听到小闯这么说，脸立刻沉了下来，但是小闯并没有觉察出对方的情绪变化，反而继续在那里自顾自地笑着。大家看到小闯这么没眼力见儿，都觉得很无语，他们平日里就知道小闯情商低，说话不经过大脑，所以都不跟他计较，但是现在面对的是被他们砸伤的女同学，没想到小闯还是这么口无遮拦，他难道看不出这位女同学已经生气了吗？他难道不知道自己此时的言行非常不礼貌吗？更何况她还受了伤。

他们用力推了一把小闯，暗示他别再笑下去了，然后几个人簇拥着那位女同学走向了医务室。

孩子如果缺乏共情能力，就无法及时察觉对方的情绪，以致很容易做出错误的反应。故事中的小闯就比较缺乏共情能力，在敏感的时刻，只知道发泄自己的情绪，丝毫不顾及他人的感受，结果把事情搞得十分尴尬。

拥有共情能力的孩子，一般都人缘极佳，无论在生活中还是学习中都会很优秀。与这样的孩子相处，你会觉得很舒服，不会无聊也不会累，因为他们能及时察觉出你的情绪，会说一些让你暖心的话语，能在你需要帮助时及时伸出援手。

小莫今年上三年级了，他是一个成绩优秀、性格活泼的小男孩儿，老师和同学们都很喜欢他。

一次上美术课的时候，小莫的同桌忽然坐立不安，左边动动，右边挪挪，看起来有点儿坐不住了，再看同桌捂着肚子、满头大汗头的样子，他赶紧举起手，老师问他有什么事，他说道："老师，我同桌肚子疼。"老师将视线转到他同桌身上看了看，然后问道："你怎么知道她肚子疼呢？毕竟她自己都没有说。"小莫说道："我妈妈每次肚子疼的时候，差不多也是这样，我可以感觉到她很痛苦。"

在确认小莫的同桌确实是肚子疼以后，老师急忙给小莫同桌的父母打了电话，当同桌的妈妈来接人时，得知了事情的经过后，对小莫表示了由衷的感谢，因为她知道自己的孩子有些害羞，很多时候宁愿自己忍着，也不愿意告诉别人，而小莫巧妙地化解了她的尴尬，让她及时得到照顾。

还有一次，小莫正在家里写作业，这时妈妈推门走了进来，小莫察觉到妈妈很累，而且心情有些不好，于是急忙站起来，把妈妈扶到沙发旁坐下，然后给妈妈端来一杯热茶。在妈妈喝茶的时候，他说道："妈妈，我给你捶捶肩膀吧！"妈妈笑着说儿子真贴心。同时，小莫给妈妈讲起了学校的趣事，直到妈妈开心地笑了，小莫才跟妈妈说："妈妈，是谁在外面惹你生气了吗？"妈妈告诉他："我没事，不过是一些工作上的事，你放心吧！"小莫看妈妈不想说，也就不再追问了。之后，他又帮助妈妈做饭、端饭菜、放洗澡水等，让妈妈感到非常贴心、舒心，工作上的烦恼也渐渐烟消云散了。

　　小莫就是这样一个细致的男孩儿，他可以敏锐地捕捉到对方的情绪，照顾到对方的感受，赢得对方的认可。

　　孩子拥有共情能力是一种高情商的体现，这样的孩子可以迅速察觉他人的情绪变化，并根据对方的情绪选择恰当的相处方式，从而赢得对方的好感。因此，父母平时要有意识地锻炼孩子的共情能力，多为他们创造与别人沟通交流的机会，鼓励他们多用心去感受，多用心去观察，多用心去倾听，随着锻炼的持续深入，孩子的共情能力慢慢就能提高了。

4. 不要被别人的情绪左右

生活中很多时候，我们很容易被别人的情绪所影响，因别人的行为而生气、高兴、悲伤。尤其是孩子，由于他们的心智尚不成熟，他们更容易被别人的情绪所左右。当这种情况出现时，他们就会失去情绪控制的主动权，没有主见也没有主导意识，成为别人思想的附庸，甚至严重影响他们的心理健康。

小灵今年刚刚升入初一，她是一个十分敏感的女孩儿，很容易受到别人情绪的影响，别人开心她会跟着开心，别人难过她也会跟着难过。她会伤感落叶化作尘土，慨叹花儿枯萎凋零，大家都说她像《红楼梦》中的林黛玉，太过于伤春悲秋了。

一次，班里要举办元旦晚会，大家都忙得热火朝天，为元旦晚会做着准备，小灵和另几位同学负责布置舞台。正当她们忙得不亦乐乎时，班长走了过来，查看舞台的布置情况，虽然班长嘴上没有说什么，但看得出来她的脸色有些不太好。小灵见状，心里开始忐忑不安起来：班长看起来不大高兴啊，难道是我们布置得有问题？还是我们将气球挂歪了？抑或是我们没有将舞台清理干净？

小灵就带着这种忐忑不安的心情，一直到晚会开始。晚会上，大家一边吃着瓜子儿，一边欣赏节目。这时，一位同学唱了一首很伤感的歌曲，小灵的心便又沉浸在了歌曲的伤感中，难以自拔，她觉得创作者一定是感受过那种伤感，所以才写出了这么直击人心的歌词和旋律。

晚会结束后，小灵跟一个要好的同学一起回宿舍，一路上，小灵都是满怀心事的样子，同学关切地问道："小灵，你今天是怎么了？为什么一副很不开心的样子？"小灵便将今天班长脸色不好的困惑说了出来，同学一听是这件事，不以为然地说："嗨，我还当是什么事呢，咱们班长不就是这样的人吗？她哪是不满意咱们，她就是一个爱挑剔、不苟言笑的人。再说了，她挑剔她的，我们不理她就是了。"小灵一脸疑惑地问道："这样可以吗？"同学说道："为什么不可以呢？再说了，谁还没点儿情绪呢？我们干吗要去琢磨她怎么想，这不是自寻烦恼吗？像你这样总被别人的情绪左右，还不把自己累死啊？你呀，真应该调整一下自己了！"

孩子应该学会做自己情绪的主人，不要让别人的情绪左右自己的言行。父母在平时的生活中，应该告诫孩子远离那些处处散发着消极情绪的人，因为他们的消极情绪会在很大程度上影响到孩子；父母要让孩子明白，自己才是自己生活的主宰，别人只是参照，不能以别人的标准要求自己，不能让别人的情绪影响自己，自己的事情自己做主；父母还应让孩子时刻保持足够的自信，这样才不致被别人的情绪所左右。

　　小沁高考结束后，妈妈建议她去做一些社会实践，于是她在家附近的超市找了一份收银员的工作。

　　一天七八个小时站在柜台里收银，这对从来没有工作过的小沁来说，实在有些吃不消，但她还是咬着牙坚持了下来。小沁对面的收银员是一位30多岁的大姐，小沁每天都笑着跟她打招呼，但是对方回应她的永远是一张冷冷的脸，没有一丝笑意和温情，小沁觉得心里很不是滋味，毕竟自己是个初出茅庐的学生，并没有得罪过她。

　　这天，一位年轻的妈妈带着一个三四岁的小女孩儿来结账，只见他们购物车里放了很多东西，小女孩儿的妈妈本来要去对面大姐那里结账，但是小女孩儿却说："妈妈，我们去那边吧，我觉得那个大姐姐笑呵呵的，我很喜欢她。"妈妈一听也对，自己是来购物的，没必要去面对一张冷冰冰的苦瓜脸，于是同意了女儿的建议。

这时小沁心想，原来小孩子对人的情绪感知能力这么强，她们现在也许还不懂什么情绪之类的问题，但是她们会刻意避开那些让她们感到不舒服的情绪，远离那些影响她们快乐心情的人。

生活中，孩子都喜欢跟那种散发着快乐气息的人一起玩儿，每当看到这种人，他们就会不由自主地开心。然而随着年龄的增长，孩子会越来越多地接触到有各种不同情绪的人，他们能做到的就是不被别人的情绪所左右，而父母要做的就是帮助孩子接纳不良情绪，调整自己的情绪，客观地看待别人的情绪。

5. 懂得如何应对别人的情绪

任何人都有情绪，成年人因为心智比较成熟，或许能做到对他人的情绪应付自如，但是孩子年纪还小，心智尚不成熟，在面对他人的情绪时，他们或害怕，或抱怨，或愤怒，或忐忑，很少能正确地去应对。而一旦应对不好，就会影响到他们的学习和生活。

小可今年 6 岁了，是个开朗活泼的小女孩儿。最近，因为妈妈要出差，所以爸爸让奶奶过来照顾小可一段时间。在这段时间里，爸爸并没有发现小可有什么不妥，但是幼儿园的老师却发现了小可的异样，她发现小可最近情绪不太好，经常一个人蹲在墙角发呆，这和以前的她判若两人。老师觉得有点反常，于是联系了小可的爸爸。

一开始，小可的爸爸并没有当回事儿，可是当他看到那个孤零零蹲在墙角的小女孩儿时，心里很难受，他不知道女儿究竟遭遇了什么，才变成现在这个样子。

爸爸走过去抱起小可，温柔地拍拍她，问道："小可，你怎么了？"小可看到是爸爸，没有反抗，只是将头埋在了爸爸的怀里，似乎在找寻什么安慰，然后便安静地趴在爸爸肩头睡着了。

等到小可爸爸带着小可来到家门口，小可突然变得忐忑不安起来，爸爸问她怎么了，她摇摇头不说话，但就是拼命地抗拒，不想回家，小可爸爸无可奈何，只好带着小可去了她一直想去的海洋公

园。小可看着那些游来游去的鱼儿，还有漂亮的珊瑚，很快沉迷其中。她看着看着，突然哭了起来，抱住爸爸说道："爸爸，你和妈妈还是爱我的，是不是？"爸爸拍拍她的小肩膀，说道："是啊，你可是爸爸妈妈的宝贝呢。我们怎么会不爱你呢？"

小可啜泣着说道："可是奶奶说，我不是男孩子，不能给家里传宗接代，所以不给我做我最喜欢的鱼，而且我玩儿玩具的时候，她还骂我，说我一个小丫头片子，爸爸妈妈居然给我买了那么多玩具，她还要把我的玩具拿回去给二伯家的小刚哥哥玩儿，她说那才是她的孙子，我什么也不是……呜呜呜……"

小可爸爸一听这些，脸马上沉了下来，心里既愤怒又尴尬，他知道自己的母亲有重男轻女的思想，但是也不能对小孩子说这些啊。于是，他柔声安慰小可说："你是上天赐给爸爸妈妈的宝贝，你可比那些臭小子强多了，在爸爸妈妈心中，没有人能比得了你。"在爸爸的一番安慰下，小可终于不哭了。

故事中的小可因为年纪小，还不知道如何正确应对奶奶重男轻女的"歧视"，所以便将自己困在了一个角落里，不知道该怎么走出来。现实生活中，像小可一样的孩子有很多，父母在平时的生活中，要有意识地对孩子加以引导和锻炼，教会他们如何正确去应对别人的情绪，让他们能够从容应对别人的各种情绪。

小紫是个性情温和、品学兼优的中学生，还是班里的学习委员，深受老师的喜爱和器重。

一天，班主任老师在课堂上宣布，中学生少年杯科技大奖赛很快就要开始了，学校领导经过商量决定，由小紫代表学校去参加比赛，据说这次比赛如果获奖的话，就可以保送重点高中，这对每一个人来说都是一个不小的诱惑。

自从班主任宣布了名单以后，小紫就发现，班里同学看她的眼神中充满了"羡慕嫉妒恨"。小紫对同学们的反应很理解，毕竟这是正常现象，有利益的地方就有纷争，不过她相信，这股充满"羡慕嫉妒恨"的不安气息终将会平息下去。所以，当同学们嫉妒自己运气好时，嘲讽自己总是巴结老师时，小紫只是泰然自若，我行我素，该做什么做什么。

不料，这股"羡慕嫉妒恨"的气息愈演愈烈。这一天，小紫在上卫生间的时候，听到几个女生在说她的坏话，甚至上升到了人身攻击的地步，她们说她之所以能取得参赛的名额，一定是使用了不正当的手段。小紫听到这里，实在忍无可忍，走出来据理力争，她告诉她们，自己之所以会被学校选中，是因为自己有那个实力，自己与她们最大的不同就在于，当她们在嫉妒别人时，自己却在努力学习、在各方面积极完善自己。这几个女生被小紫说得哑口无言，悻悻地离开了。

孩子的人生之路还很长，而社会情商是他们成功人生的重要组成部分。懂得如何应对别人的情绪，是孩子高情商的一种体现，也是孩子人生中非常重要的一课。孩子学好了这一课，就可以游刃有余地应对别人的情绪，让自己在人际交往中更顺畅、更受欢迎。

6. 用自己的情绪感染别人

相信很多人在生活中都有过这样的体验：本来心情很不好，但是和一个朋友聊了几句后，突然发现不知从什么时候起心情好多了。其实你的心情突然好起来是有原因的，那就是朋友的好情绪感染了你，让你的情绪也跟着好了起来。这种用自己的情绪感染别人的能力是一种高情商的体现。

父母在培养孩子的过程中，要努力培养孩子的这种能力。当孩子具备了这种感染别人情绪的能力时，他就会成为一个受大家欢迎的人，大家都愿意跟他相处，因为能从他身上感受到阳光和快乐。

小蝶今年上三年级了，同学们都喜欢跟她一起玩儿。有一次开班会，主题是"我的好朋友"。当老师问大家谁是你们的好朋友时，结果让老师大为惊讶，很多同学都说自己的好朋友是小蝶，原因是小蝶爱笑，和小蝶在一起的时候，什么不开心的事都没有了。

小霞说："那天我玩的时候，不小心被石头绊倒了，膝盖磕破了点皮，看着同学们都从我身边跑过去，对我视而不见，我心里好无助，这时小蝶蹲下来，问我有没有事。看到我没什么事后，小蝶学着动画片里海绵宝宝的声音对我说：'小姑娘，如果没事的话，就赶紧起来吧，课间可只有10分钟，再磨蹭1分钟我们可就少玩儿1分钟！'听了小蝶的话，我一下不觉得疼了，开心地跟小蝶玩儿了起来。"

小军说："上次考试我没考好，我怕回家妈妈打我，作为同桌，小蝶对我说：'放心吧，你妈妈不会真打你的，你看上次我没考好，我妈妈只是用手拍了拍我的屁股，我在床上趴了两天就能下地走路了。哈哈哈！'听了小蝶的话，我一下子被她逗乐了，紧张的心情也放松了许多。"

小美说："我觉得跟小蝶在一起，就没有克服不了的困难，上

次放学回家，路上不知道哪儿漏水了，有一滩水挡住了我们回家的路，正当我和其他小朋友束手无策的时候，小蝶不知道从哪儿搬来了几块砖头，然后把砖头扔到了水里，笑着对我们说道：'来吧勇士们，考验你们平衡感的时候到啦，谁掉进水里可自己认倒霉啊，本姑娘可不负责任。'说完她就率先踩着砖头过去了。看到小蝶如此轻松地过了'砖头桥'，我们也有了信心，一个一个都走了过去。"

班会上，还有很多同学讲述了他们与小蝶相处的经历，大家都说小蝶积极、乐观，总是笑呵呵的，而且总能说出很多有意思的话来，让人听了很轻松、很舒畅。

其实，小蝶之所以有这样积极乐观的心态，和爸爸妈妈平时对她的言传身教是分不开的，小蝶的爸爸乐观幽默，总能时不时飙出几句"金句"，逗得她和妈妈哈哈大笑，每次妈妈发脾气的时候，爸爸总能想出办法哄妈妈开心。妈妈的性格有些大大咧咧、不拘小节，面对困难和烦恼，她总能做到一笑置之、"兵来将挡，水来土掩"。在这样的家庭环境下，小蝶集合了爸爸妈妈的双重优点，成了大家都喜欢的"开心果"。

父母平时在教育孩子的时候，不用刻意去告诉孩子什么，只需用实际行动去感染孩子，让孩子感受到你乐观、豁达的心态就可以了，长期的耳濡目染下，孩子肯定能学会如何培养自己良好的情绪，并且用自己的好情绪去感染别人，成为一个受欢迎的人。

把正面情绪传递给别人，别人感受到的也是满满的正能量。父母要告诉孩子，努力做一个充满正能量的人，将自己正面情绪中的快乐、坚强、坚韧、自信等优秀品质传递给别人，这样不仅孩子自己的人生能充满光明，还能让别人的人生充满阳光。

小亮今年读五年级了，他是一个快乐、阳光、有毅力的男孩儿，周围的人都很喜欢他，因为大家从他充满阳光的笑脸上可以感受到快乐。

在学校运动会上，小亮和班上另外几个男生报名了拔河比赛。第一场，由于他们低估了对手的实力，没有做好充分的准备，结果输掉了比赛。此时大家士气有些低落，一个个垂头丧气的，小亮见状，鼓励大家说："大家要对自己有信心，虽然我们开场不利，但是只要鼓足勇气，做足准备，反超对手还是有机会的，毕竟后面还有两场呢。你们忘了咱们上次看篮球比赛，中国队落后两个球都没有放弃，最终反败为胜了吗？我相信我们也能取得最终的胜利！"

第二场，大家鼓足士气，齐心协力，每当他们想要放弃的时候，就会有一个高亢的声音在耳边响起，"同学们，加油啊……"在小亮的感染下，大家都元气满满、斗志昂扬，到最后，不仅是小亮一个人在喊加油，大家都发出了整齐划一的加油声。终于，他们凭着不服输的精神获得了第二场的胜利，此时大家的信心完全回来了。趁着这股劲头，他们最终赢得了比赛。

在颁奖典礼上，颁奖老师兴奋地对小亮这组选手说："恭喜你们获得了比赛的冠军，你们相互鼓励的精神让我非常感动。小伙子们，希望你们一直保持这种积极的心态，在未来的学习和成长之路上继续加油！"

情绪是可以传染的，如果孩子懂得用自己乐观的情绪去感染别人，那他们就会在无形中成为别人眼中的开心果，成为别人愿意亲近的人。同时，当孩子用乐观的情绪感染到别人时，别人就能从孩子身上获得积极的力量，这样一来，孩子就会具备一种天然的领导力，成为别人认可和追随的对象。所以父母要在孩子小的时候就开始帮助孩子树立正确的人生观、价值观，积极培养他们保持良好情绪的能力，让孩子的内心充满阳光。

第八章

高情商的孩子离不开父母的培养

　　孩子的成长离不开父母的悉心培养，尤其是情商方面的培养。每一个高情商的孩子背后都离不开父母的言传身教、谆谆教导。父母在培养孩子的情商时，需要从以下几个方面努力：要培养孩子积极乐观的心态；要教会孩子表达自己的观点，倾诉自己的情绪；要学会耐心倾听孩子的想法；要学会站在孩子的角度看问题，而不是把自己的想法强加给孩子；要鼓励孩子不怕失败，培养孩子的抗挫折能力；要给予孩子足够的关爱和支持。做到以上几点，相信你的孩子就能慢慢成为一个拥有高情商的人。

1.培养孩子乐观的心态

　　培养孩子乐观的心态，是父母送给孩子最好的礼物。拥有乐观心态的孩子可以轻松地面对学习和生活，无论在什么时候，无论在何种场合，他们都敢于接受挑战，勇于承担责任，能用自身的正能量感染别人，带动别人，成为他人眼中的乐天派和佼佼者，受到人们的喜爱和欢迎。

　　小清正在和弟弟搭积木，他们已经搭了整整一下午了，还差一个塔尖就大功告成了。就在这时，小花猫从积木上一跃而过，哗啦一声，小清和弟弟一下午的努力全部付诸东流了。看到眼前散了一地的积木，弟弟"哇"的一声哭了出来，追着那只小花猫要"报仇"。小清的反应虽然没有弟弟那么强烈，但是她心里也很生气，毕竟一下午的努力就这么白费了。正在做晚饭的妈妈闻声出来，看到眼前发生的一切，她急忙过来安慰两个孩子："这个小坏猫，觉得我们搭得不好可以当面提嘛，怎么就直接给我们踹翻了呢？幸亏我们家两个宝贝聪明，搭过一遍已经知道怎么搭了，否则还真让你这个小坏猫得逞了呢！"

　　听妈妈夸自己聪明，小清的情绪好了很多。妈妈继续说道："现在妈妈来分配任务啊，妈妈去给你们做晚饭，小清负责按照刚才的样子搭积木，弟弟的任务最重，要负责保护姐姐，防止小猫再来搞破坏，希望在爸爸下班回来之前，咱们都能成功完成自己的任务，好吗？"

小清想了想，刚才已经搭了一次，第二次再搭肯定得心应手，于是愉快地答应了妈妈的建议。弟弟听到要保护姐姐，为他们的劳动成果保驾护航，积极性自然高起来，拿起自己的小冲锋枪开始巡逻，时刻防备着小猫再次破坏。

不一会儿工夫，小清就已经搭了好几座高塔，而小猫也在弟弟的"警备"下老老实实地卧在墙边，不敢再来搞破坏了。

孩子的乐观心态是父母慢慢培养出来的，就像故事中小清的妈妈那样，当孩子的情绪产生波动，对现实状况感到失望时，父母要及时对孩子的情绪进行疏导，给予他们信心和勇气，让他们对前景充满希望。

父母还要为孩子创造愉悦的生活环境，这样孩子的乐观心态才会有培植起来的土壤。如果孩子生活的环境压抑沉闷，孩子心中的负面情绪无法获得及时的疏导和释放，那么孩子的心态自然就会消极悲观。

小辛今年上二年级，他原本是一个开朗活泼的男孩儿，但是最近却变得有些郁郁寡欢、沉默寡言，这让老师感觉有些异常：怎么这个小捣蛋最近变得这么安静、沉默，课间也不跟同学们出去玩了？

为了弄清楚事情的原委，也为了孩子的心理健康，老师决定去小辛家里家访。当老师来到小辛家的楼道时，远远地就听到了摔碗的声音。循着声音望去，老师发现正是小辛家，于是她上前敲门，并说明来意，小辛妈妈开门将老师迎了进去。

　　老师进到房间后，发现小辛妈妈眼角有隐隐的泪痕，而小辛爸爸在客厅的电脑桌前安静地坐着，看似在工作，但眉眼间显然在压制自己的怒火。老师坐在这里只几分钟，就明显感受到这个家里充斥着一股让人窒息的压抑氛围，更何况小辛天天生活在这里，他的感触一定更深，难怪他最近这么沮丧呢！老师似乎找到了问题的根源。

老师坐在沙发上，斟酌了一下说道："我不知道你们有没有发现孩子目前的情况，他现在不像以前那么爱说爱笑了，整个人变得很消极，不像之前那么乐观了。他不但上课不像之前那样积极回答问题了，就连下课也不愿意跟同学们玩儿了，总是一个人默默地发呆，做事的时候也是愁眉苦脸的，找不到一丝从前的影子了。"小辛的爸爸妈妈听了老师的话，这才转头看向了自己的孩子，他们发现他虽然手里拿着书，但是心思明显不在书本上。孩子身上发生如此巨大的变化，他们居然因为纠结于家庭琐事而没有丝毫察觉，满腔愧意顿时涌上心头。

小辛的爸爸妈妈开始反思自己这段时间以来的所作所为，他们没有给孩子营造一个轻松愉快的生活环境，他们每天因琐事引发的争吵已经严重影响了孩子的健康成长，让孩子每天生活在沮丧和不安中。他们非常感谢老师的提醒，并向老师保证，一定会尽快解决自己的问题，为孩子营造一个轻松愉快的生活环境。

在现实生活中，像小辛这样的孩子有很多，他们长期受到父母的影响，情绪逐渐变得敏感、消极，这严重影响了他们的心理健康。由此可见，只有父母首先拥有乐观的心态，孩子的心态才有可能乐观起来。如果父母每天都因一些琐事不停地争吵、互相埋怨，那想要孩子拥有乐观的心态根本是不可能的。

乐观的心态有利于孩子的学习、生活和人际交往，有利于孩子战胜困难和挫折，有利于孩子解决问题、走出逆境。所以，父母要尽最大努力培养孩子乐观的心态。

2. 教会孩子如何表达自己的想法

每个孩子的语言表达能力都不一样，有的孩子能说会道，总是积极地表达心中的想法，有的孩子却沉默寡言，不爱主动表达自己的想法。当孩子不会表达自己的想法时，父母就要引起重视了，因为这意味着孩子的沟通能力比较欠缺，在与人沟通时效率会比较低下，甚至会出现沟通障碍和交际困难。

在学习和生活中，孩子不会表达自己内心的想法，也就不能让别人理解自己的想法，结果只能自己干着急而没有任何办法，即使自己吃了亏，受了伤害，也不知道如何倾诉自己心中的委屈，只能自怨自艾，陷入恶性循环。

小琪是个表达欲极强的孩子，每天跟妈妈都有说不完的话，尽管这些话在妈妈看来都没有什么实际意义。但是最近，妈妈发现小琪突然变得不爱说话了，那个曾经围着自己说个不停的"小话痨"，常常一个人坐在角落里发呆，不知道在想什么。

有一次，妈妈带小琪去超市买东西。买完东西后，妈妈去收银处结账，小琪则蹲在一堆毛绒玩具跟前看。等妈妈结完账带着小琪准备离开时，小琪突然小声地哭起来，妈妈问她怎么了，她说没事。

晚上，妈妈看着一脸不高兴的女儿，过去把她抱起来，问道："怎么了宝贝？可以跟妈妈说说吗？"

依偎在妈妈怀里，小琪眼里又噙满了泪水，说道："妈妈，我想要那个小熊玩具。"

"那你在超市的时候，怎么不跟妈妈说呢？"

"我觉得你不会听我说话。每次我跟你说话的时候，你总是在忙别的事情，根本没有把我说的话放在心上，我跟你说了也是白说。"

听了小琪的话，妈妈忽然意识到，事情确实如小琪讲的那样，每次小琪围着自己叽叽喳喳讲个不停的时候，自己总是心不在焉地敷衍她，至于小琪到底说了什么内容，自己一个字都没放在心上，好像听小琪说话就是在浪费时间一样。

想到这里，妈妈顿时感到十分愧疚，觉得是自己的"敷衍式应对"和"假装式陪伴"在无形中伤害了孩子，不仅打击了孩子的表达欲，而且阻碍了孩子表达能力的养成。

因此，妈妈诚恳地向小琪道歉："宝贝，妈妈知道错了，以后你想要什么或者有什么想法，一定要勇敢地表达出来。"

"可是妈妈，万一我说出来的话别人不爱听或者不愿接受怎么办呢？"

"宝贝，你只有先把你的想法说出来，才能知道你说得有没有用啊，如果连说出来的勇气都没有，那别人又怎么能知道你在想什么呢？"

听到妈妈这样说，小琪的心情好了很多，她继续说道："那我以后就多说一些我的想法，可以吗？"

"当然可以了，宝贝，有什么想法你就告诉妈妈，咱们一起来决定做还是不做，不要什么都憋在自己心里。"

"嗯嗯，妈妈，我知道了。"小琪开心地点了点头。

现实生活中，很多孩子因为不够自信、不够勇敢或不好意思而将自己的真实想法隐藏起来，这跟父母的教育方式有直接的关系。在与孩子相处的过程中，很多父母是缺乏耐心的，当孩子试图将自己开心或难过的心事讲给父母听时，父母表现出一种心不在焉的敷衍态度，这会对孩子的表达能力造成巨大的伤害——父母这种反应会让孩子觉得自己讲得不好或者压根就不该讲，久而久之，孩子就会在潜意识中压抑自己表达的欲望。所以，父母应该多给孩子一些鼓励，鼓励他们表达自己的想法和观点，同时父母要学会用心聆听孩子的倾诉，让孩子感受到你对他的关注。

小阳刚刚上初中不久。一天，他跟妈妈说，他有些不太想去学校，妈妈问他怎么了，在学校发生了什么，但是小阳怎么都不肯说。

妈妈见孩子不肯说，一定是有什么难言之隐，于是耐心地引导说："你之前不是很喜欢新学校吗？怎么突然间不想去了？没关系，告诉妈妈，有什么问题妈妈和你一起解决。"小阳有些不好意思地说："倒也不是真的不想去，就是有些抵触，因为我在学校的时候，只要回答老师的问题勤快一些，同学们就说我爱表现，在老师面前博好感，可我心里真的没有这种想法。"小阳停顿了一下，继续说道："虽然我也知道不该受他们的影响，但是这种事情屡屡发生，导致我在课堂上越来越不敢踊跃回答老师的问题了。每次上课时，我能不举手就不举手，能保持沉默就保持沉默。这段时间以来，我觉得老师看我的目光都变了，似乎我变成了一个消极被动、不求上进的孩子。偶尔老师点名让我回答问题，我也总是不在状态。这样的状态让我越来越缺乏自信，现在上课对我来说简直成了一种煎熬。"

妈妈明白了事情的原委后，握着小阳的手，温情地说道："孩子，你踊跃回答老师的问题并没有错，其他同学那样说你，是他们不了解你，你应该把你的想法向同学表达出来，而不是将委屈藏在心里为难自己。同学们明白了你的想法，下次自然就不会再说你了。"

孩子的童年应该是充满欢乐的，当孩子越来越沉默，越来越不爱表达时，父母就要认真找一找其中的原因了。很多时候孩子不善于或不愿意表达，可能是他们的表达没有得到父母积极的回应，让他们的心理受挫；也可能是孩子的表达能力存在缺陷，导致他们在表达时语无伦次，抓不住重点，从而使其自信心受挫；还有一种可能是孩子表达自己的观点后没有得到理解和认同，导致他们心灰意冷，不愿意再继续表达。

不管是上述何种原因造成了孩子不能顺畅表达他们的观点，父母都要在弄清楚原因后积极地引导孩子提高自己的表达能力，鼓励孩子敢于表达，乐于表达，善于表达，成为一个能清晰表达自己观点的高情商孩子。

3. 耐心倾听孩子的倾诉

孩子情商的高与低，与父母有着直接的关系。很多时候，父母漫不经心的忽略很可能对孩子的成长造成严重的伤害。比如，孩子有心事想对父母讲，或者有高兴的事想跟父母分享，这时候如果父母表现出一种漠不关心或敷衍了事的态度，就会在孩子的心里留下伤痕，在他们情商培养的过程中作为一个负面因子沉淀下来，打击他们与别人交流沟通的欲望和积极性。

父母作为孩子的第一任老师，要学会耐心倾听孩子说话，分享他们的快乐，分担他们的忧愁，只有这样，孩子才能形成健康的心理，在遇到问题时才能以良好的心态去应对。耐心倾听孩子的倾诉吧，也许你一个小小的转变，就能影响孩子的一生。

小兵今年上一年级了，成为一名真正的小学生了。这一天，小兵放学回来，兴冲冲地来到妈妈面前，拉着妈妈的手说道："妈妈，我今天收到了老师奖励的小红花。"说完以后，他便一直用期待的眼神看着妈妈，似乎在说："我好厉害啊！妈妈快夸我啊！"但是妈妈没有看懂小兵的暗示，只顾着忙厨房里的事情，小兵没得到妈妈的回应，只能闷闷不乐地回到自己的房间写作业。

后来还有一次，小兵放学回家后，看上去有些不高兴，妈妈正要询问他发生了什么事，这时她的电话突然响了，是公司领导打来的电话，临时有一份文件需要用，领导让她马上弄好了发过去。小兵妈妈只好先去忙工作的事情，等她终于搞定了工作，想起小兵似乎有些不高兴时，这才发现小兵已经睡着了。

这时，小兵爸爸走了过来，对小兵妈妈说道："今天晚上小兵明显看上去不高兴，也不知道在学校里发生了什么。"小兵妈妈说道："你难道就没有问他一下？"小兵爸爸挠挠脑袋，有些不好意思地说："我不是一直在忙工作吗？"小兵妈妈也愧疚地说道："唉！我今天也是临时接到领导的工作任务，所以没来得及关心孩子。明天我们再好好跟孩子谈谈吧。"

但是到了第二天，小兵却恢复如常了，似乎昨天什么都没发生过，爸爸妈妈以为只是孩子偶尔闹闹小情绪，没什么大不了的事情，也就没有再追问。直到很久以后，爸爸妈妈才发现，小兵无论有什么事情，都不愿意跟他们倾诉了，而且变得越来越沉默寡言了，不愿意与任何人交流，只愿意沉浸在自己的世界中，不知道心中在想些什么。

当孩子鼓起勇气向你倾诉时，不管你有什么理由，都不能打击孩子倾诉的意愿和积极性，那样无异于在摧毁孩子与人交流的欲望，摧毁他们与人沟通的能力。而且家长的行为会在无形中影响到孩子，让孩子也成为一个没有耐心、不愿意倾听的人。在这样的环境下成长起来的孩子，情商的培养必然会受到影响。

想让孩子拥有高超的沟通能力和高情商，父母一定要多给孩子一些耐心，在他们有倾诉欲望的时候，不要忽视，不要敷衍，不要打断，不要批评，更不要对孩子的观点指手画脚；在孩子向你倾诉时，你第一时间要做的就是认认真真、全神贯注地倾听，并随时给予孩子回应，让孩子感受到你的关注和关心，这样才能帮助孩子构建健康的心理。

小叶自从上了初二，发现班里的女生越来越注重打扮了，看着同学们一个个打扮得花枝招展，她的心里也按捺不住，想要加入进去。可是她没有化妆品，不知道怎样才能加入她们，小叶感觉自己被孤立了，她做梦都想要一套化妆品。

这一天，她放学回到家后，来到妈妈的房间，对妈妈说："妈妈，你的化妆品可真多啊！"妈妈随口说道："嗯，女人就是化妆品多啊！"小叶趁机说道："妈妈，我也想要一套化妆品。"妈妈以为自己听错了，赶忙问道："你说什么？"小叶又小声地重复了一遍，小叶妈妈确认自己没听错后，不等小叶继续说下去，就打断了她："你现在这个年纪正是学习的时候，化什么妆啊！真是不务正业！我看你最近的表现越来越差了，怪不得这次考试成绩下滑了呢，一天天不知道胡思乱想什么呢。"小叶见妈妈不但没有答应自己的要求，还把问题扯到了学习上，心里十分不开心。

这种不开心一直持续到了晚上，爸爸看她情绪不太对劲儿，于是问她怎么回事儿，她告诉爸爸她想要一套化妆品。爸爸听后，没有像妈妈那样一味地苛责她，而是询问她为什么要化妆品，她告诉爸爸，其实她要化妆品并不是真的要化妆，只是班里其他同学都有，而且每天都三五成群地聊这些话题，所以她也想要一套来收藏，这样她才能和同学们有话聊，而不至于被孤立。爸爸一听是这么回事，便答应为她购置一套新的化妆品。

与孩子交流需要有耐心，故事中的小叶妈妈没有弄明白孩子的意思就先入为主地对孩子进行批评，这样不但会堵塞孩子与父母沟通的通道，还会打击孩子与人交流的信心，让孩子不敢与人交流，不敢说出自己的想法，久而久之就会影响孩子沟通能力的提高和情商的培养。

所以，在孩子倾诉的时候，父母应该放下手里的一切，认真倾听孩子的诉说。在这个过程中，父母要充满耐心，充满尊重，放下架子，将自己当成孩子的朋友，与孩子进行平等的对话。与此同时，父母还要随时关注孩子在倾诉过程中的情绪变化，当他们的情绪有所波动时，父母要对他们进行积极的引导，帮他们提升沟通的信心和能力，让他们能够轻松应对各种语言环境，逐渐成为高情商的孩子。

4. 站在孩子的角度理解孩子的想法

当父母和孩子面对同一件事情时，比如父母带孩子去看文艺电影，父母感受到的可能是享受，而孩子感受到的可能就是折磨。身为父母，要学会站在孩子的角度看问题，真正去了解孩子的感受，理解孩子的想法，包容孩子，鼓励孩子，只有在这样的家庭氛围下，孩子才能用自己的思想和眼光去看问题，才能真正拥有高情商。

小萍今年读四年级了，她是一个心思细腻、性格比较敏感的女孩儿。

一天，小萍放学回家后，放下书包整个人瘫倒在了沙发上，妈妈见状急忙问道："你这是怎么了？"小萍愤愤地说："老师今天不分青红皂白，当着全班同学的面批评了我一顿！"妈妈继续问道："那你究竟做了什么事？老师为什么要批评你啊？"但是面对妈妈的询问，小萍就是闭口不言，她觉得要是自己说了，妈妈也会和老师一样指责她的。

小萍妈妈看到小萍一副油盐不进的样子，既揪心又难过，于是改变了策略，用温柔的语气对小萍说："老师当着全班同学的面指出你的过错，你当时肯定恨不得找个地缝钻进去。"小萍一脸惊讶地问道："妈妈，你怎么会知道我当时的心情？"妈妈微微一笑，说："因为我上学时也遇到过这样的情况。当时我在课堂上帮同桌接了一下别人递过来的笔记本，结果被老师逮了个正着，老师问也不问，劈头盖脸对我就是一顿指责，我当时非常生气，直到今天，我还清楚地记得当时的心情。"

小萍没想到妈妈也有和自己同样的遭遇，顿时觉得找到了倾诉的对象："是吧？我就说嘛，当时老师真的很过分，难道我没有自尊吗？当着全班同学用那么严厉的话批评我。再说了，我也没干别的啊，我就是在同桌的语文书上画了一只小猴子而已，结果他就去找老师告状，害我被老师一顿臭骂。哼，我以后再也不理他了。"

妈妈听了小萍的讲述，觉得她的行为确实有些欠妥，也难怪老师批评她，于是语重心长地说："你在同桌的课本上乱画是不对的，老师批评你也不能全怪老师。你为什么要在人家的语文书上画小猴子啊?"小萍有些不好意思地说:"因为我觉得他和小猴子一样聪明啊!"妈妈听了很诧异,她没想到孩子的想法竟然这么单纯,根本就没有大人想得那么复杂和不堪。

妈妈笑着摸摸小萍的头,说道:"没想到我的乖女儿还这么幽默,我觉得你应该把你的想法告诉你的同桌,那样的话他不但不会告老师,还会非常开心呢。"

听到妈妈这样说,小萍也开心地笑了,她觉得妈妈说得很有道理。

故事中,小萍的老师是站在大人的角度来看待孩子间的矛盾的,所以她觉得小萍做错了,因而斥责了小萍;而小萍妈妈则是站在孩子的角度看问题,不仅避免了孩子产生逆反心理,而且获得了孩子的信任,从而及时了解了孩子的行为和心理,并对其中的偏差予以了纠正,让孩子以后再遇到类似的事情时可以更好地去应对。

但是在现实生活中,很多父母并不能像小萍妈妈那样理解孩子,他们喜欢独断专行,过分强调父母的权威,从来不会站在孩子的角度看问题,所以他们常常激起孩子的逆反心理,或者导致孩子成为他们"强权"下的附庸。

小云刚刚参加完高考,爸爸妈妈便为她要报考什么专业争执了起来。爸爸觉得小云应该继承他的衣钵,考警察系统,而妈妈觉得小云考师范比较好,因为女孩子当老师比较安稳。他们就这么僵持着,谁也说服不了谁,直到小云的高考成绩下来。

小云的成绩很不错，上一个好大学、学一个好专业完全不是问题。很快到了填报大学和专业的时刻，但是小云的爸爸妈妈的意见依然没有达成统一，于是他们把小云叫到跟前，让她自己选择上哪所大学，学哪个专业。小云没想到爸爸妈妈会把选择权交给自己，于是小心翼翼地问："真的让我自己选啊？"爸爸妈妈异口同声地说："对，按照你自己的意愿选。"小云说："那好，我想报考中医药大学。"

　　爸爸妈妈听到小云的回答，一下没有反应过来，等他们反应过来后，立马表示了反对："孩子，我们家就没有当医生的，你的选择对未来的发展肯定不利，你应该选择一个爸爸妈妈熟悉的专业，无论是警察还是老师都可以，但学医肯定是不行的。"

　　最终，在妈妈的强烈要求下，小云填报了师范大学的英语专业。很快，小云的录取通知书下来了，小云只得去那个大学报到。

很多父母在面对孩子的考试择校、结婚择偶等"人生大事"时，总想根据自己的意愿来替孩子做抉择，然而他们却忽略了，孩子是有思想、有感受、有情绪的独立个体，在关乎自己人生的大事上，孩子应当受到父母的尊重，而父母也应当学会站在孩子的角度，去了解孩子的想法，理解孩子的感受，体会孩子的情绪。

可以想见，故事中的小云在成长过程中，其大部分事情应该都是由父母决定的，也许想要学医是小云最后一次尝试了，但是父母依然没有给她自己做决定的权利和机会，而小云也没有为自己的兴趣和人生路做任何争取，放弃了自己成长的机会，被迫沦为父母意愿的"傀儡"。

父母在培养孩子的过程中，要学会尊重孩子，将选择的权利交给孩子，自己做好指导和参谋的角色就可以了。当孩子学会为自己做决定时，那他们距离认识自我、获得成功就不远了。

5. 鼓励孩子不要怕失败

孩子的一生中会经历很多事情，有成功的，也有失败的，有开心的，也有伤心的。大部分孩子在面对失败时，会沮丧，会消沉，会胆怯，会失去信心。这个时候往往是孩子最需要父母的时候，而父母此时要做的就是鼓励孩子，帮助孩子建立信心，战胜失败，树立百折不挠和从头再来的信念。父母要告诉孩子，只要敢于坚持，成功终将属于自己。

　　小力今年读六年级了，他从小就是一个很要强的孩子，只要自己确定了一个目标，哪怕吃再多苦受再多累，也要尽最大努力去实现它，因此，他的学习成绩一直很好，每次考试都是全班第一名。

　　新学期，小力的班上来了一个转学过来的女生，这位女同学不仅长得清丽脱俗，还写得一手娟秀的好字，做测试的时候，基本上没有错题。因此，老师经常在班上夸奖那个女生，让同学们多向她学习，尤其是写字方面，要多多向她请教。

　　小力听了以后，有些不以为然，觉得老师的夸奖有些过头了。直到那个女生为班级出板报，他才算真正见识了那个女生的字迹，真的是娟秀工整，自成一体，比他那龙飞凤舞的字好得不是一点半点。霎时间，小力似乎觉得周围的人都在嘲笑他："瞧！小力的字比不上人家新来的同学。""这位新同学的学习成绩也很好，看来小力第一名的宝座可能不保了。"

　　晚上回到家后，小力照例认真地写作业，同时他更加注意自己的字迹，尽量写得工整一些。但是他的心事还是流露在了脸上，细心的妈妈发现了小力的异样，于是等小力写完作业后，妈妈来到书房跟小力谈心。

　　小力将自己心中的顾虑告诉了妈妈，妈妈听后，温柔地对小力说："一直以来，小力在妈妈心中都是最棒的，是全家人的骄傲。现在能有一个更优秀的同学和你一起学习、一起成长，你应该感到高兴才对啊，只有这样，你才能找到自己努力的方向，不断去进步啊。你现在要做的不是成天去想第一名能否保住的问题，而是应该更加努力地去学习，去完善自己，只要你付出了，努力了，即使你拿不了第一又能怎样呢？学习知识不是为了和别人比名次，而是为了武装自己的头脑，完善自己；也不是为了和别人比高低，而是为了让自己更完美。不要害怕失败，要勇敢面对挑战，妈妈相信你可以做得很出色。"

听了妈妈的话，小力的心情好了许多，的确，这几年自己一直稳坐全班第一，总感觉有些平淡无味，缺乏挑战性，已经很久没有过这种危机感了，这位新同学的出现，对自己何尝不是一个激励呢？以前自己各方面都在班里数一数二，现在这位同学的出现，是逼着自己朝更高的目标迈进啊，这对自己的成长和进步是有百利而无一害的。想到这些，小力脸上的自信又回来了。

在孩子的成长过程中，父母一定要对孩子进行有关如何面对失败的教育，要经常告诉孩子，在学习和工作中遭遇失败是在所难免的，只有正确、坦然地面对失败，才能拥有更大的成功；只有经历了一次次失败以后，才能成为更好的自己。就像赛场上那些运动健儿一样，只有把一次次失败当作成功的奠基石，他们才有机会站在领奖台上享受鲜花和掌声。

小霜今年高三了，她是一个努力且严谨的女生。她出生于中医世家，从小便跟着爷爷认识药材，晾晒药材，背诵药理，她立志要当一名中医，将我国的传统中医发扬光大。

今年是关键的一年，小霜立志要考上最好的中医大学，然后对中医进行系统的学习。爷爷也不让她来药铺帮忙了，让她安心学习备考，将来可以去更好的大学深造。

经过几个月的辛苦奋战，小霜终于高考完了，她可算松了一口气，但是她感觉自己临场发挥得不够好，考试成绩可能不太理想。终于熬到了查询高考成绩的这一天，小霜查到分数后有些失望，因为她的分数与自己心仪的大学差了十几分。

现在摆在小霜面前的选择是：要么降低要求，上一个稍微差一点儿的大学；要么复读一年，向着自己心仪的大学再冲刺一回。这时她想起了爷爷经常对她说的一句话：不要害怕失败，失败了大不

了再来一次，只要坚持努力，终究是会成功的。

小霜在考虑了几天后，决定复读一年。这一年，她查漏补缺，积极巩固自己的长项，努力弥补自己的弱项，不敢有丝毫懈怠。功夫不负有心人，她在第二年终于考上了自己心仪的中医药大学，实现了自己的理想。

孩子在成长道路上，遇到挫折和失败是很正常的事。父母要在孩子遭遇失败的时候，及时告诉他们，失败并不可怕，只要学会在失败中吸取教训，总结经验，然后继续奋斗，坚持不懈，成功终有一天会属于你。

父母要让孩子正视人生中的挫折，培养和提高孩子的抗挫折能力，让他们在面对挫折时，内心有丰盈的力量去对抗这些挫折。当孩子的抗挫折能力足够强，能正确地面对各种失败时，孩子就会成为一个不轻言放弃、朝着目标勇往直前的人。

6. 父母的关爱是孩子情商的基础

孩子情商的高低，直接影响着孩子日后的成长和发展，也在某种程度上决定着孩子的未来。而要培养孩子的高情商，父母的关爱至关重要，这是孩子养成高情商的基础。

有父母关爱的孩子，心态往往更健康、更乐观，面对困难时往往能更积极、更自信地去克服，面对问题时往往能更冷静、更理智地去处理。

小雨的爸爸在外地工作，只有每个周末才能回家看她和妈妈。每次回家，爸爸都会变着花样给小雨带一些小礼物，这让小雨非常开心，每个周五晚上她都会搬着小板凳守在门口，等着爸爸回来。当敲门声响起的时候，是小雨一周中最开心的时刻。

有一次，爸爸给小雨带回来一听可乐，很精致，小雨很开心，然后爸爸又从包里掏出一罐稍微大一点儿的可乐送给了妈妈，最后爸爸掏出了一罐超大的可乐，小雨高兴地跳了起来，她觉得太有意思了。他们把可乐在桌子上一字排开，从小到大，就好像他们一家人一样，幸福地在一起。小雨看着桌子上的可乐，觉得自己的家温暖极了。

除了爸爸的关心，妈妈每天也无微不至地照顾着小雨。每天上学进校门，妈妈总会给小雨一个大大的拥抱，说："祝我的宝贝闺女一天都开开心心的。"而小雨也会趴在妈妈耳朵跟前说："祝我美丽的妈妈也一样开心。"

在这样的家庭环境中长大的小雨，整个人都十分积极乐观，不管遇到什么事情，她都能理智、冷静、积极地面对。同学们都非常喜欢小雨，觉得她遇到问题的时候从来不发愁，总能找到解决的办法。小雨很少跟同学产生矛盾，她待人和善，不管是说话还是做事，都让别人感觉很舒服。

父母的关爱是孩子健康成长的基础。故事中的小雨之所以拥有积极乐观的心态，和父母的关爱密不可分。有很多父母可能会说，我们也是像小雨父母那样关爱孩子的，有好吃的好穿的好玩的都留给孩子，也从来不打骂孩子，但孩子就是不像样。其实，之所以会出现这样的情况，是因为这些父母没有正确理解关爱孩子的含义。关爱不等于溺爱，父母在给予孩子物质关爱的同时，更要给予孩子情感关爱、精神关爱，要告诉孩子如何去看待事物，如何去待人接物。

父母懂得如何正确地关爱孩子，孩子就能在父母的关爱下逐渐获得高情商，这样的孩子在成长过程中不仅容易形成积极乐观的性格，也更容易接受来自父母的教育和引导。而缺乏父母正确关爱的孩子，不但自己不能正确地看待所遇到的事情，而且也不愿接受父母的意见和建议，这样他们的情商也很难获得培养和提高。

小希的父母每天忙于工作，给她的关爱非常少，从她记事开始，家里就充斥着一种压抑、冷漠的氛围，父母偶尔还会吵架。渐渐地，小希性格变得很孤僻，在这种性格的驱使下，她看问题总是很消极、很悲观。每当遇到问题的时候，她总是喜欢怨天尤人，甚至会先入为主地认为别人在故意为难自己，心中充满了委屈和孤独。

有一次做值日，小希负责打扫的那一排扫得不太干净，有许多碎纸屑都没有扫掉。小组长批评小希值日不认真，影响了小组赢小红花。小希心中委屈极了，她觉得组长是故意针对自己，想把责任

全部推到自己身上，于是愤怒地跟组长吵起来。组长对小希也非常不满：明明就是你做事不认真，怎么还反过来说我为难你呢？

二人的争吵惊动了班主任，老师在了解了情况后让组长先离开了，然后对小希说："老师知道你是个自尊心很强的孩子，不希望别人说自己，对吧？"

小希泪眼婆娑地点了点头。

老师继续说道："你是个好孩子，平时安安静静的，学习也很刻苦努力，老师非常喜欢你。但是，老师希望你能更开朗、阳光一些，想问题更积极一些，不要一出现问题就觉得有人想要为难你，别人没有你想得那么坏，好吗？"

听了老师的话，小希点了点头，并答应老师会努力调整自己的心态。

　　回到家，静下心来的小希认真思考了老师说的话，并且反思了自己的言行，她深刻地意识到，老师说得很有道理，每次遇到问题，自己首先想到的都是别人是不是故意跟自己过不去，在这种情绪的主导下，自己总是把问题搞得复杂，最终让负面情绪占据自己的心灵。

　　小希这种消极性格的养成，和她的家庭环境是密不可分的。缺乏父母情感关爱的小希，看问题的角度总是负面的，在这种情绪的主导下，她很难与别人进行顺畅的沟通，从而成为别人眼中不易相处、不好交流的人。

　　父母的关爱对孩子的情商培养非常重要。父母在物质上保证孩子吃饱穿暖的同时，更要让他们感受到情感的温暖和精神的愉悦。只有在这样的基础上，孩子才能形成正面积极的价值观和人生态度，才能在与别人的相处中应对自如，成为一个受人欢迎的高情商孩子。